GIGAスクール構想で変える！

1人1台端末時代の社会科授業づくり

宗實 直樹
椎井 慎太郎 著

明治図書

JN022008

はじめに

　GIGAスクール元年といわれた2021年度。多くの自治体や学校，教職員にとって「環境整備」に追われる日々だったと推察します。GIGAスクール構想を今後の教育の「スタンダード」にするための大切でかけがえのない転換期であり，重要なフェーズでした。

　GIGAスクール2年目となる2022年度は，本格的な「活用促進」のフェーズへと切り替わりました。これまでの教育実践と最先端のICTのベストミックスを図ることにより，各教科・領域の学習活動をこれまで以上に充実させていく必要があります。

　ただ，「言うは易く，行うは難し」です。

○1人1台端末の活用によって，子どもが資質・能力を身につけることにつながっているか。

○ICT端末等を活用するための授業展開や活動にとどまっていないか。

○ICT端末等を使う場面を適切に見極め，効果的に活用しているか。

　GIGAスクールに関わる書籍に目を通すと，このような指摘が必ずといっていいほど目に飛び込んできます。参考となる実践もまだ多くない中で，なかなかハードルの高い要求かもしれません。

　しかし，明治以来150年続いた教育の在り方が大きく変わろうとしている今，上記の視点も意識しながら1人1台端末による教育のバージョンアップを図りたいものです。1人1台端末の整備がゴールではなく，ここからが本当のスタートなのです。

このような教育の過渡期を迎えている中で企画された本書のテーマは，次の通りです。

> 1人1台端末を活用して，本質を外さない社会科の授業をどうつくるか

そのヒントとなる内容を，具体的な実践例を織り交ぜながら4章にわたり記しています。「社会科の本質を外さない授業にするためのポイントは？」「これまでの社会科授業のよさと1人1台端末の利点とを融合させた授業の具体とは？」そのような問いをもちながら，気軽な気持ちで読み進めていただけたら嬉しいです。

また，社会科を通して「日常的な端末活用をどうやって進めていけばよいか」「端末のもち帰り学習をどうすればよいか」といった，端末の利活用に向けた様々な課題意識に対応するために，次の①～④の視点からの社会科における端末活用例も紹介しています。

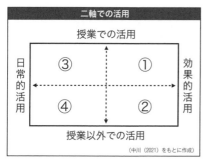
（中川（2021）をもとに作成）

①授業での効果的活用
②授業以外での効果的活用
③授業での日常的活用
④授業以外での日常的活用

本書が，全国各地の社会科教師はもちろん，多くの先生方に活用され，本質を外さない「社会科×1人1台端末」の授業づくりのヒントになれば幸いです。そして，これからの未来を担う子どもたちが本質的で豊かな社会科学習を経験できる状況が，より一層広がっていくことを願っています。

2022年9月

椎井　慎太郎

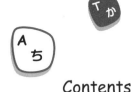

Contents

はじめに

1章

1人1台端末の
社会科授業づくり

1 社会科授業で大切にしたいこと

1 社会科の目標

「小学校学習指導要領（平成29年告示）解説　社会編」には，社会科の目標について次のように記されています。

> 社会的な見方・考え方を働かせ，課題を追究したり解決したりする活動を通して，グローバル化する国際社会に主体的に生きる平和で民主的な国家及び社会の形成者に必要な公民としての資質・能力の基礎を次のとおり育成することを目指す。

ここでいう「公民としての資質・能力の基礎」とは，
「広い視野に立ち，グローバル化する国際社会に主体的に生きる平和で民主的な国家及び社会の有為な形成者に必要な資質・能力」
と記されています。
　さらに，社会科において育成すべき「資質・能力」については下記のように示されています。

> ①「知識及び技能」
> 　地域や我が国の国土の地理的環境，現代社会の仕組みや働き，地域や我が国の歴史や伝統と文化を通して社会生活について理解するとともに，様々な資料や調査活動を通して情報を適切に調べまとめる技能を身に付けるようにする。

②「思考力，判断力，表現力等」

　社会的事象の特色や相互の関連，意味を多角的に考えたり，社会に見られる課題を把握して，その解決に向けて社会への関わり方を選択・判断したりする力，考えたことや選択・判断したことを適切に表現する力を養う。

③「学びに向かう力，人間性等」

　社会的事象について，よりよい社会を考え主体的に問題解決しようとする態度を養うとともに，多角的な思考や理解を通して，地域社会に対する誇りと愛情，地域社会の一員としての自覚，我が国の国土と歴史に対する愛情，我が国の将来を担う国民としての自覚，世界の国々の人々と共に生きていくことの大切さについての自覚などを養う。

（「小学校学習指導要領（平成29年告示）解説　社会編」）

　これらの資質・能力の基礎を育成するために，**社会的な見方・考え方を働かせ，課題を追究したり解決したりする活動を行うこと**が必要だと目標に記されています。「課題を追究したり解決したりする活動」とは，**問題解決的な学習**と捉えることができます。

2 「主体的・対話的で深い学び」の視点

　「主体的・対話的で深い学び」の視点での授業改善の目的は，子どもに上記のような**「資質・能力」を育成し，確かな学力を身につけさせる**ことです。

　中央教育審議会答申「幼稚園，小学校，中学校，高等学校及び特別支援学校の学習指導要領等の改善及び必要な方策等について」に，授業改善の視点となる「主体的・対話的で深い学び」について，その趣旨と活動の方向性が示されています。

| 視点1 | 「主体的な学び」

　主体的な学びについては，児童生徒が学習課題を把握しその解決への見通しを持つことが必要である。そのためには，単元等を通した学習過程の中で動機付けや方向付けを重視するとともに，学習内容・活動に応じた振り返りの場面を設定し，児童生徒の表現を促すようにすることなどが重要である。

| 視点2 | 「対話的な学び」

　対話的な学びについては，例えば，実社会で働く人々が連携・協働して社会に見られる課題を解決している姿を調べたり，実社会の人々の話を聞いたりする活動の一層の充実が期待される。しかしながら，話合いの指導が十分に行われずグループによる活動が優先し内容が深まらないといった課題が指摘されるところであり，深い学びとの関わりに留意し，その改善を図ることが求められる。

| 視点3 | 「深い学び」

　深い学びの実現のためには，「社会的な見方・考え方」を用いた考察，構想や，説明，議論等の学習活動が組み込まれた，課題を追究したり解決したりする活動が不可欠である。具体的には，教科・科目及び分野の特質に根ざした追究の視点と，それを生かした課題（問い）の設定，諸資料等を基にした多面的・多角的な考察，社会に見られる課題の解決に向けた広い視野からの構想（選択・判断），論理的な説明，合意形成や社会参画を視野に入れながらの議論などを通し，主として用語・語句などを含めた個別の事実等に関する知識のみならず，主として社会的事象等の特色や意味，理論などを含めた社会の中で汎用的に使うことのできる概念等に関わる知識を獲得するように学習を設計することが求められる。

（「中央教育審議会答申」平成28年12月）

視点3 の「深い学び」に記されているように，ここでも**「見方・考え方」を働かせながら問題解決的な学習を進めていくことの重要性**が述べられています（ここでは「働かせる」ではなく，「用いる」と表現）。

　つまり，深い学びを実現し，資質・能力を育成するための社会科授業を設計する際のポイントは，

> 　「社会的な見方・考え方」を働かせて問題解決的な学習を行い，概念等の知識を獲得すること

だと捉えることができます。

　主語は子どもたちです。子どもたちが，「社会的な見方・考え方」を働かせて問題解決的な学習を行い，概念等の知識を獲得できなければいけません。そのためには，教師が「社会的な見方・考え方」を働かせて問題解決的な学習を行い，概念等の知識を獲得できるような授業設計をすることも重要です。上記のポイントを押さえた授業デザインを行えば，社会科の本質を外すことはないということです。

3 「社会的な見方・考え方」を働かせる

　では，「『社会的な見方・考え方』を働かせる」とはどういうことかを説明します。

● 「社会的な見方・考え方」

　社会科発足以来，「社会的な見方・考え方」の捉え方は様々でした。それが，今回の「小学校学習指導要領（平成29年告示）解説　社会編」では，以下のように**「視点や方法」であるとはっきりと定義**されました。

「社会的な見方・考え方」は，課題を追究したり解決したりする活動において，社会的事象などの意味や意義，特色や相互の関連を考察したり，社会に見られる課題を把握して，その解決に向けて構想したりする際の「視点や方法」であると考えられる。

また，

　小学校社会科においては，「社会的事象を，位置や空間的な広がり，時期や時間の経過，事象や人々の相互関係などに着目して捉え，比較・分類したり総合したり，地域の人々や国民の生活と関連付けたりすること」を「社会的事象の見方・考え方」として整理し，（以下略）

とも明記されました。

　つまり，「社会的な見方・考え方」は，社会科という教科ならではの学習の仕方，追究の仕方であり，方法的な側面に焦点を当てた方法概念であると捉えることができます。「社会的な

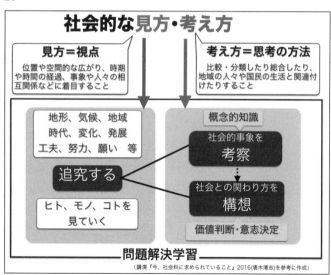

見方・考え方」は育成されるべき資質・能力ではなく，授業改善の視点であるということです。

● 社会的な見方・考え方を「働かせる」

社会的な見方・考え方を「働かせる」とは，空間的な視点，時間的な視点，関係的な視点に着目して「問い」を設け，比較や分類，関連付けなどの思考を経て，社会的事象の様子や仕組みなどを捉えることです。簡単にいえば，子どもたちが，

> 何に着目してどのような「問い」を設け，どのように考えるのか

ということです。

着目する視点を定めることで子どもたちは社会的事象を具体的に見られるようになり，考えるべき箇所に焦点を当てることができます。そして，その視点をもとに考えることが「社会的な考え方（追究の方法）」だと捉えることができます。

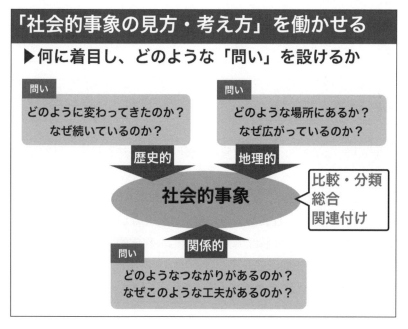

追究の「視点」と「問い」

「視点」	考えられる「問い」の例
地理的 位置や空間的な広がりの「視点」	○どのように広がっているのだろう？ ○なぜ、この場所に集まっているのだろう？ ○地域ごとの気候は、どのように違うのだろう？ <div style="text-align:right">など</div>
歴史的 時期や時間の経過の「視点」	○いつ、どのような理由ではじまったのだろう？ ○どのように変わってきたのだろう？ ○なぜ変わらずに続いているのだろう？ <div style="text-align:right">など</div>
関係的 事象や人々の相互関係の「視点」	○どのような工夫や努力があるのだろう？ ○どのようなつながりがあるのだろう？ ○なぜAとBの連携が必要なのだろう？ <div style="text-align:right">など</div>

（澤井陽介・加藤寿朗『見方・考え方　社会科編』東洋館出版社，2017を参考に作成）

4 問題解決的な授業

再度，社会科授業のポイントを見てみましょう。

　「社会的な見方・考え方」を働かせて問題解決的な学習を行い，概念等の知識を獲得すること

「問題解決的な学習を行い，概念等の知識を獲得すること」が重要だと述べました。

「概念等の知識」とは，「概念的知識」と「価値判断的知識」のことです。

「概念的知識」とは，**社会的事象の目には見えない関係性を説明するための知識**のことです。「価値判断的知識」とは，**科学的な社会認識を通した意思決定をするための知識**のことです。

これら，概念等の知識を獲得するための「問題解決的な学習」を行うことが重要です。

以下の図が問題解決的な学習の一般的な流れとなります。

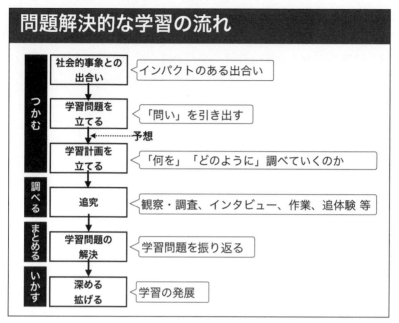

「つかむ」→「調べる」→「まとめる」→「いかす」という活動が考えられます。

学習者の「問い」に即して学習問題を設定し，学習計画を立てます。学習計画に基づいて主体的に追究し，学習問題の解決を探究する学習となります。このような学習問題の解決のプロセスを経て，子どもたちは概念等に関わる知識を獲得していきます。

子どもの学習過程における学習活動の一連のまとまりである「単元」の中で，概念等の知識を獲得させることが重要になります。単元というまとまりを想定して，授業設計していくことが求められます。

単元を設計する際のポイントは，「問い」を中心に単元を構想していくことです。考えられる「問い」に対応してどのような「知識」を獲得できるのかを明記していきます。これができれば，子どもたちがどのような思考を通してどのような知識を積み上げていくのかが目に見えるようになります。

「社会的な見方・考え方」を働かせて問題解決的な学習を充実させた先に概念等の知識を獲得する深い学びがあります。概念等の知識を獲得することで，社会の仕組みを理解し，豊かな判断をした上で自分や周りの幸せのために主体的に行動できる公民的資質・能力の育成につながります。それがよりよい社会をつくり出し，1人ひとりの幸せな時間，豊かな人生につながっていきます。

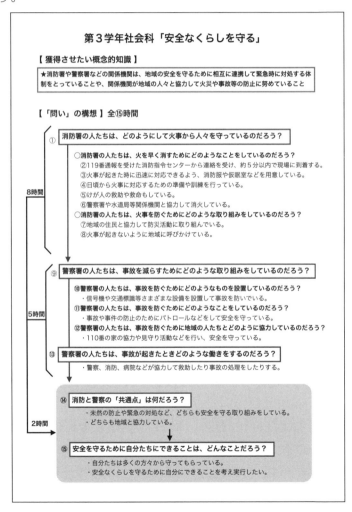

第3学年社会科「安全なくらしを守る」

【 獲得させたい概念的知識 】

★消防署や警察署などの関係機関は，地域の安全を守るために相互に連携して緊急時に対処する体制をとっていることや，関係機関が地域の人々と協力して火災や事故等の防止に努めていること

【「問い」の構想 】全⑮時間

8時間

① 消防署の人たちは，どのようにして火事から人々を守っているのだろう？

　○消防署の人たちは，火を早く消すためにどのようなことをしているのだろう？
　　②119番通報を受けた消防指令センターから連絡を受け，約5分以内に現場に到着する。
　　③火事が起きた時に迅速に対応できるよう，消防服や仮眠室などを用意している。
　　④日頃から火事に対応するための準備や訓練を行っている。
　　⑤けが人の救助や救命もしている。
　　⑥警察署や水道局等関係機関と協力して消火している。
　○消防署の人たちは，火事を防ぐためにどのような取り組みをしているのだろう？
　　⑦地域の住民と協力して防災活動に取り組んでいる。
　　⑧火事が起きないように地域に呼びかけている。

5時間

⑨ 警察署の人たちは，事故を減らすためにどのような取り組みをしているのだろう？

　⑩警察署の人たちは，事故を防ぐためにどのようなものを設置しているのだろう？
　　・信号機や交通標識等さまざまな設備を設置して事故を防いでいる。
　⑪警察署の人たちは，事故を防ぐためにどのようなことをしているのだろう？
　　・事故や事件の防止のためにパトロールなどをして安全を守っている。
　⑫警察署の人たちは，事故を防ぐために地域の人たちとどのように協力しているのだろう？
　　・110番の家の協力や見守り活動などを行い，安全を守っている。

⑬ 警察署の人たちは，事故が起きたときどのような働きをするのだろう？

　　・警察，消防，病院などが協力して救助したり事故の処理をしたりする。

2時間

⑭ 消防と警察の「共通点」は何だろう？
　　・未然の防止や緊急の対処など，どちらも安全を守る取り組みをしている。
　　・どちらも地域と協力している。

⑮ 安全を守るために自分たちにできることは，どんなことだろう？
　　・自分たちは多くの方々から守ってもらっている。
　　・安全なくらしを守るために自分にできることを考え実行したい。

次のようなイメージです。

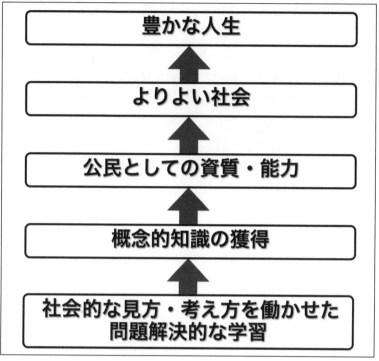

このような「何のために社会科を学ぶのか」ということを授業者が明確に
もっておくことで，授業がぶれなくなります。「社会科を学ぶ意味」を自分
の言葉で捉えておくことは非常に重要なことです。

　以上，社会科の目的や目標，学習過程のポイントを押さえた上で端末を活
用し，端末活用が目的化しないように気をつける必要があります。

　社会科の本質を外さない端末活用とは，

　　子どもたちが「社会的な見方・考え方」を働かせることを促し，より
　よく問題解決的な学習を行えるようにするための活用

です。

・子どもが「社会的な見方・考え方を働かせる」こと
・教師が端末を活用して授業をよりよく変えていくこと
が大切です。

5 「個別最適な学び」と「協働的な学び」

2021年1月26日に公表された中央教育審議会の「『令和の日本型学校教育』の構築を目指して（答申）【本文】」には，以下のように記されています。

全ての子供に基礎的・基本的な知識・技能を確実に習得させ，思考力・判断力・表現力等や，自ら学習を調整しながら粘り強く学習に取り組む態度等を育成するためには，教師が支援の必要な子供により重点的な指導を行うことなどで効果的な指導を実現することや，子供一人一人の特性や学習進度，学習到達度等に応じ，指導方法・教材や学習時間等の柔軟な提供・設定を行うことなどの「指導の個別化」が必要である。

基礎的・基本的な知識・技能等や，言語能力，情報活用能力，問題発見・解決能力等の学習の基盤となる資質・能力等を土台として，幼児期からの様々な場を通じての体験活動から得た子供の興味・関心・キャリア形成の方向性等に応じ，探究において課題の設定，情報の収集，整理・分析，まとめ・表現を行う等，教師が子供一人一人に応じた学習活動や学習課題に取り組む機会を提供することで，子供自身が学習が最適となるよう調整する「学習の個性化」も必要である。

以上の「指導の個別化」と「学習の個性化」を教師視点から整理した概念が「個に応じた指導」であり，この「個に応じた指導」を学習者視点から整理した概念が「個別最適な学び」である。

以上の記述を踏まえて整理してみます。

「個別最適な学び」とは，「**個に応じた指導（指導の個別化と学習の個性化）**」を学習者の視点から整理した概念です。

個別最適な学びとは

子どもが

個別最適な学び

指導の個別化
・一定の目標
・異なる方法
　　　▶選択

学習の個性化
・異なる目標、内容
　　　▶決める

自己調整しながら学習を進める

（「『令和の日本型学校教育』の構築を目指して（答申）【概要】」をもとに筆者作成）

　「指導の個別化」は，学ぶべき事柄が指導する側の人間ににぎられている場合に用いる概念です。基礎的な学力の定着をめざす領域です。一定の目標を学習進度等に応じ異なる方法で学びます。目標は同じですが，それぞれが違った方法で学習を進め，学習方法について自己調整を行う必要があります。

「教科の目標を達成するために，子どもが様々な学習方法を選んで進める学び」だといえます。キーワードは「選択する」ことです。

　「学習の個性化」は，学習者が学習活動の決定に，なんらかの形で参加している場合に用いている概念です。学習者の個性あるいは特質の伸長をめざす領域です。それぞれ異なる目標について興味・関心に応じて学びます。それぞれの目標や学習内容が違い，それぞれが学習を広く進めていきます。課題設定や学習計画，学習評価等，学習内容について自己調整を進める必要があります。「子どもが興味・関心に応じて目標や学習内容を自分で決め，自ら追究を進める学び」だといえます。キーワードは「決める」ことです。

　子どもが学習方法を選択すること，子どもが学習する目標，内容を決めること等，主語を「子ども」にし，子どもが自分で学習を進めているという意識をもたせることが重要です。

「指導の個別化」と「学習の個性化」	
	指導の個別化 方法概念	**学習の個性化** 目標概念
目的	学習目標をすべての子どもに達成させ、基礎的学力を定着させること	子どもの興味・関心に基づき、特性や個性を育成すること
個人差	学力的概念の**量的**個人差 ・進度差 ・到達度差 個人差を踏まえた指導	適性的概念の**質的**個人差 ・学習スタイル差 ・興味・関心差 個人差を生かす指導
学習モデル	自由進度学習 習熟度別学習	コース選択学習 課題選択学習

（安彦忠彦『授業の個別指導入門』明治図書，1980を参考に著者作成）

教師は子どもが選択したり決めたりできる場を意図的に用意する必要があります。子どもが自己調整しながら学んでいける環境を設定したり，授業をデザインしたりすることがポイントになります。

　さらに，次のような指摘もされています。

　「個別最適な学び」が「孤立した学び」に陥らないよう，これまでも「日本型学校教育」において重視されてきた，探究的な学習や体験活動などを通じ，子供同士で，あるいは地域の方々をはじめ多様な他者と協働しながら，あらゆる他者を価値のある存在として尊重し，様々な社会的な変化を乗り越え，持続可能な社会の創り手となることができるよう，必要な資質・能力を育成する「協働的な学び」を充実することも重要である。

　学校における授業づくりに当たっては，「個別最適な学び」と「協働的な学び」の要素が組み合わさって実現されていくことが多いと考えられる。各学校においては，教科等の特質に応じ，地域・学校や児童生徒の実情を踏まえながら，授業の中で「個別最適な学び」の成果を「協働的な学び」に生かし，更にその成果を「個別最適な学び」に還元するなど，「個別最適な学び」と「協働的な学び」を一体的に充実し，「主体的・対話的で深い学び」の実現に向けた授業改善につなげていくことが必要である。その際，家庭や地域の協力も得ながら人的・物的な体制を整え，教育活動を展開していことも重要である。

　「個別最適な学び」と「協働的な学び」は切り離すことができないということです。

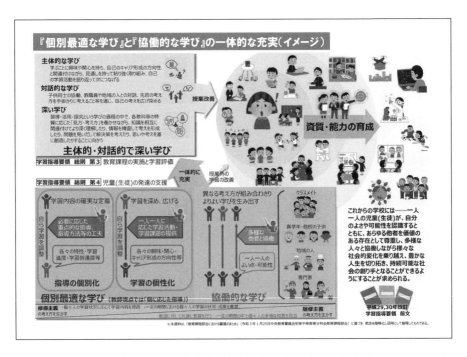

『個別最適な学び』と『協働的な学び』の一体的な充実（イメージ）

「個別最適な学び」と「協働的な学び」を一体的に充実させることで，主体的・対話的で深い学びが実現するといわれています。その視点をもって授業改善することで，資質・能力の育成を目指しているということです。

6 学習者理解

「個別最適な学び」は，主語を子どもにして学習を考えることです。

大切なことは，１人ひとりの学びを見取り，１人ひとりの子どもに応じてきめ細かく指導することです。

> これからの学校においては，子供が「個別最適な学び」を進められるよう，教師が専門職としての知見を活用し，子供の実態に応じて，学習内容の確実な定着を図る観点や，その理解を深め，広げる学習を充実させる観点から，カリキュラム・マネジメントの充実・強化を図るとともに，これまで以上に子供の成長やつまずき，悩みなどの理解に努め，個々の興味・関心・意欲等を踏まえてきめ細かく指導・支援することや，子供が自らの学習の状況を把握し，主体的に学習を調整することができるよう促していくことが求められる。
>
> (「『令和の日本型学校教育』の構築を目指して（答申）【本文】」より)

「これまで以上に子供の成長やつまずき，悩みなどの理解に努め，個々の興味・関心・意欲等を踏まえてきめ細かく指導・支援すること」
という部分に着目します。

このきめ細やかな指導や支援があってこその主体的・対話的で深い学びです。一言でいえば教師の「子ども理解」です。これは社会科だけにいえることではありませんが，社会科特有の子ども理解の方法もあると考えられます。

2 社会科における1人1台端末活用のポイント

　ICTを活用する際に大切なことは，活用することを目的とするのではなく，あくまでも手段と捉えることです。「〇〇するために」という目的を明確にし，そのためのICT活用だということを前提とします。

> ~~ICTを活用するために～~~
>
> **〇〇するためにICTを活用する**
>
> ・学習問題を効果的につくるために
> ・自分で進んで追究するために
> ・他者を意識した話し合いにするために
> ・自分の考えをまとめるために
> ・俯瞰して学びをとらえるために

1 使用している学習支援アプリ

　執筆者の椎井と宗實が授業で主に使用している学習支援アプリは「ロイロノート」です（ロイロノートとは，株式会社LoiLo（ロイロ）が提供しているタブレット用授業支援アプリのこと。以下，ロイロ）。

　記載している実践の多くがロイロを使用しています。ここでロイロの特徴について簡単に説明します。

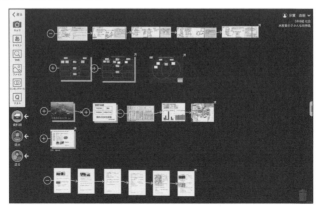

ロイロノートの特徴		
保存化	即時性	■資料やデータをすぐに配布、回収、提示することができる。 ■データを継続的に蓄積することができる。（ポートフォリオ）
	明示性	■手元で資料を見ることができる。
共有化	柔軟性	■文字テキストや画像テキストの順序性や関係性が見えやすく、画面上でテキストの加工がしやすい。 ■一斉に提示し、比較検討しやすい。

　ロイロは１つの画面上で情報の整理や順序づけがしやすく，関係性が見やすくなっています。資料やデータをすぐに配布，回収したり，その資料やデータを共有したりしながら学習を進めることができます。学習した成果を蓄積し，保存していくことができます。

　つまり，上の図に示したように，即時性，明示性，柔軟性に支えられ，保存化，共有化が進む，非常に優れた学習支援アプリです。

　おそらく多くの学校で，このような保存化や共有化が進む学習支援アプリが使用されることになるでしょう。ここではロイロを事例にしますが，汎用的に考えていただけると幸いです。

　端末の特徴を生かして，社会科授業をどれだけ豊かにできるのかということが重要です。教科としてどのように活用でき，授業をどう変えていくのかという視点で見ていくことが重要です。

　その他，椎井実践では，SKYMENU Cloud（スカイメニュークラウド）

や，Google Workspace for Education を使用した事例を紹介します。

2 二軸での活用

　社会科の本質を外さないような端末活用が必要だと述べました。そう考えれば，授業における効果的な端末活用が望まれます。しかし，効果的活用に至るまでには日常的な活用が欠かせません。

　中川（2021）は，『GIGA スクール時代の学びを拓く！PC１人１台授業スタートブック』の中で，１人１台の端末が文房具と同様になるかどうかのポイントを２点あげています。

　　・「あまり制限しすぎないこと」
　　・「日常的な活用を推進すること」

です。そのうちの「日常的な活用を推進すること」を説明する際に下の図を使用しています。

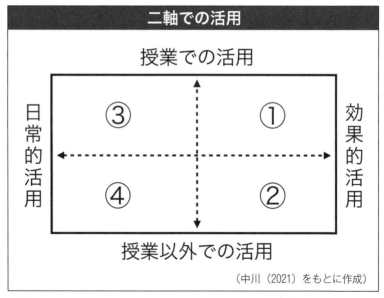

（中川（2021）をもとに作成）

「ICT 機器が１人１台ではなく，共有だった時はほぼ授業内での効果的な

活用のみを検討してきた」と述べています。確かにその通りだと思いました。実際１人１台端末が導入された今でも，考える中心は①ゾーンの授業中での効果的な活用法のような気がします。

　それはもちろん大切なことですが，端末の文房具化のためにはむしろ「授業以外の活用」や「日常的な活用」に目を向ける必要性を感じています。日常的な活用を十分にしているからこそ，効果的に使えるようになるのだと感じます。③や④のゾーンでの活用も取りあげ，それらを共有していくことも重要だと考えます。

　本書では，p.26の図をもとに①〜④の軸での社会科における端末活用について紹介していきます。

---

①授業での効果的活用

②授業以外での効果的活用

③授業での日常的活用

④授業以外での日常的活用

です。

　これらの活用をバランスよく意識することで，子どもたちが本質的で豊かな社会科学習を進められるようになると考えています。

3 1人1台端末とノートの併用

　次の子のノートをご覧ください。「あなたが大切だと思う方針は？」という２つ目の問いが出た後が白紙になっています。

聖徳太子はどのような国づくりを
目指したのか？

①天皇中心の国づくり　　②中国と対等に
冠位十二階　　　　　　　　　　接する国
地位　能力順　　十七条の憲法　遣唐使
　　　　　　　　国民が幸せ
③外国の文化に学び日本　役人の心え　他の国の文化
仏教の伝統を守る国　　　　　　　や政治

日本には
仏教＋神教　　中央集権
蘇我氏　物部氏　主権　仏/神　教

あなたが大切だと思う方針は？

　　決して手を抜いている訳ではありません。ここからはロイロに移っていま
す。

そこでは①②③の聖徳太子の方針の中で自分が特に大切だと思うものを判断させ，色で提出しています（①ピンク，②水色，③黄色のカード）。

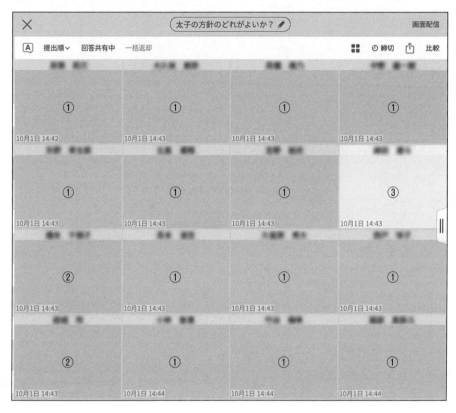

　立場を明確にし，可視化させた後，話し合いをしました。

　そして，話し合いを通して最終的な自分の考えをロイロのカードに書き，提出箱に提出させました。

　つまり，すべて端末使用ありきではなく，柔軟に活用することが望まれるということです。「紙かデジタルか」といった二者択一ではなく，目的に応じて使い分けることが重要です。

まずは，教師が授業デザインする際に判断し，子どもが見方・考え方を働かせられるように選択することが重要です。最終的には子ども自身が選択できるようにします。そうするためにも先述の二軸での活用を意識して，日常使いの端末活用にしていく必要があります。

4 教師の「あり方」

　端末を活用することで授業が豊かになることは間違いありません。子どもたちも自分のペースで学習を進めやすくなり，容易に調べることもできるようになります。しかし，気をつけなければいけないこともあります。それは，子どもの学びが孤立化しないようにすることです。

　端末を使い始めた頃は，ただ端末が珍しいから使いたがる傾向があるでしょう。1年もたてば慣れてきます。それでも，子どもたちが端末のみに没頭するような状態であれば，授業のあり方を捉え直すことが必要です。

例えば，社会科授業で多く行われる調べる活動やまとめる活動などは，1人で自宅で行うこともできます。各個人で学習に取り組めることも多くなります。そうなると「学校にくる意味」について考えざるを得ません。

　各個人の興味関心などの個人差に応じて個別化された学びを進めることは必要です。しかし，協働に支えられた個別化でなければ，ただ孤立してしまう子も出てきます。

　端末を取り入れた今だからこそ，協働で学ぶことの意味を問い直さなければいけません。集団の中で関わり合いが生じる端末活用を意識し，「やっぱり学校で学ぶことは意味があることだ」ということを子どもに感じさせる必要があります。「冷たい端末活用」にならないように，血の通った実践が求められます。

　そのためには，端末をどのようにして効果的に使うのかという方法論だけでなく，端末が導入されることで教師自身の授業の捉え方や「あり方」をどのように変化させるのかを考えることが重要です。今までの「当たり前」を疑い，自分の「あり方」をアップデートさせていく必要があります。今回のGIGA スクール構想で変わらなければいけないのは，方法というよりはむしろ，教師の「考え方」や「あり方」ではないでしょうか。

（宗實　直樹）

【参考資料】
・「小学校学習指導要領（平成29年告示）解説　社会編」文部科学省，2017年
・中央教育審議会答申「幼稚園，小学校，中学校，高等学校及び特別支援学校の学習指導要領等の改善及び必要な方策等について」2016年
・宗實直樹『宗實直樹の社会科授業デザイン』東洋館出版社，2021年
・日本社会科教育学会 編『新版　社会科教育事典』ぎょうせい，2012年
・日本授業 UD 学会学会誌『授業 UD 研究』12号，2021年
・安彦忠彦『授業の個別指導入門』明治図書，1980年
・中川一史・赤堀侃司 編著『GIGA スクール時代の学びを拓く！PC 1人1台授業スタートブック』ぎょうせい，2021年
・宗實直樹『私の実践レポート　端末導入で変わる授業の「カタチ」』日本文教出版，2021年

2章

1人1台端末の
効果的活用と
日常的活用

1 授業での効果的な活用法

―問題解決的な学習―

　社会科において，どのように端末を活用できるのかについて述べていきます。ここでは，第1章で説明した問題解決的な学習の流れに沿って，

①つかむ場面
②調べる場面（調べる＋話し合う）
③まとめ・振り返る場面
④いかす場面

の4つの場面での活用方法を紹介します。

1　つかむ場面での活用

● 社会的事象との出合い

　「つかむ場面」では，子どもたちはまず何らかの形で社会的事象と出合います。どのような社会的事象と出合わせるのかが重要です。例えば，

・その後の学習の方向性が見出せる社会的事象
・子どもの興味・関心や驚きを引き出す社会的事象
・疑問が生まれ，解決への意欲が高められる社会的事象
・単元の目標にせまることができる社会的事象
・追究する際に具体的に調べ・考えるために必要な資料が用意できる社会的事象

などが考えられます。例えば，図1左側は，実際に身の周りで起こりそうな事故の写真から子どもたちの興味・関心を引き出しています。

● 学習問題を立てる

　社会的事象と出合った後は，広がった子どもたちの興味関心を絞り，方向づけることが大切です。絞り込み，方向づけたものが「単元の問い」となります。絞り込み，方向づける時のポイントが「資料」と「発問」です。

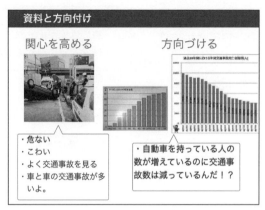

図1　資料と方向づけ

　まず，自動車保有者数のグラフを提示します。年々増えていることを子どもたちは確認します。次に，事故死亡者数のグラフを提示します。人口が増え自動車保有者数が増えているので，事故死亡者数も当然増えていると予想していた子どもたちは「え，減っているんだ!?」と驚きます。「今，○○さんはどうして驚いたの？」と教師が訊きます。「だって，人数が増えているのに事故や死傷者数は減っているから，なんでだろうと思いました」と子どもは答えるでしょう。予想と事実の「ズレ」から，子どもの中に「単元の問い」につながる疑問が生まれる瞬間です。問題意識の共有を図る場面です。

　ここで「なぜ事故が減っているのだろう？」や「事故を減らすためにどのような取り組みをしているのだろう？」を「単元の問い」にすると，図2のように子どもたちの予想が拡散しすぎます。学習を見通すことが難しくなってしまいます。

そこで，予想が拡散しすぎないように「単元の問い」の主語を確定させます。例えば，「事故が起きた時の写真に多く写っている人はどんな人ですか？」と教師が問うと，子どもたちの多くは「警察の人」と答えます。そこで，「警察の人たちは，どのようにして火事から人々を守っているのだろう？」という「単元の問い」を立てることができます。

学習問題
なぜ事故は減っているのだろう？ ・車の性能がよくなった・道が整理された ・交通安全に対する意識が上がった
事故を減らすためにどのような取り組みをしているのだろう？ ・交通安全の啓発運動・自動車の性能を上げる開発
事故を減らすために，<u>警察の人</u>はどのような取り組みをしているのだろう？ ・交通安全教室・交通整理・ガードレールの設置

図2　考えられる学習問題の例

主語を入れることで，子どもが着目する社会的事象が明確になります。ここでは，「警察の仕事」について焦点が当てられることになります。

● 学習計画を立てる

学習計画を立てる場面では，様々な方法が考えられます。ここでは，「学習問題に対する予想を分類する方法」をもとに説明します。

事例は，小単元「自動車工業のさかんな地域」です。自動車は3万を超える非常に多くの部品からできています。ボディカラーや内部仕様などによって，同じ車種でも何種類もの自動車ができあがります。そのような自動車を，自動車工場は1日に2,000台以上つくるという事実があります。その事実から驚きを引き出し，「1台1台違うのに，自動車会社はこれだけ多くの自動車をどのようにしてつくっているのだろう？」という学習問題を設定します。

その学習問題に対する予想をします。例えば次のような予想が出てきます。

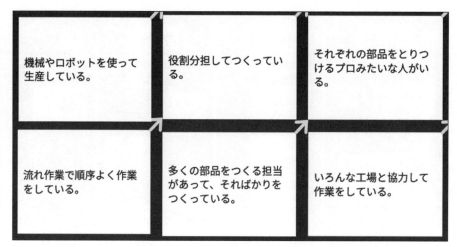

図3　学習問題に対する予想

　出された予想をすべてロイロ上で共有します。

　その後，図4のように全員の予想を自分の端末に落とし込み，似ている予想を分類していきます。余裕があれば，分類した予想を一括りにして「順序」「機械」「協力」などの名前をつけます。

　分類する時に，図5のように子どもたちの指が止まる瞬間があります。自分の手元でじっくりと考え，吟味している時間です。この時間をもつことが重要です。

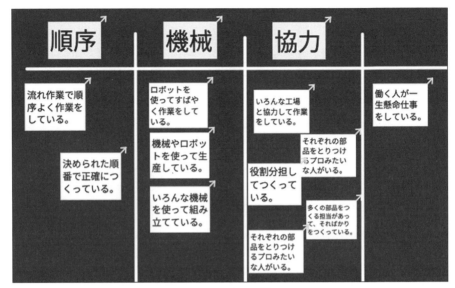

図4　予想の分類

　個人で分類した後，全体で話し合い，多く共通している予想をもとに観点（順序，機械，協力　など）を決め，クラス全体で調べる計画を立てていきます。多く共通していた予想の観点から，「本時の問い」を設定します。

　例えば，今回であれば，

①自動車はどのような**順序**でつくられているのだろう？

②自動車をつくるのは，どのような**機械**を使っているのだろう？

③どのように**協力**して自動車をつくっているのだろう？

図5　迷いながら予想を分類している様子

などが考えられます。

▶ 「学習問題」の設定

比較的作付面積が小さいにもかかわらず、多く収穫できる庄内平野の農家では、どのように米づくりをしているのだろう?

図6　端末を使わずに学習計画を立てる（別の単元にて）

　端末を使わずに学習計画を立てる時は、図6のように子どもたちが予想を書いた紙をホワイトボード（黒板）に貼って分類していきます。

　書かれた文字が見えにくいことや、自分の手元で実際に操作できないという難点があります。

　ロイロの明示性と柔軟性を生かして予想を吟味しながら分類し、共有化を図ることで、より自分のものとしての学習計画を設定することができます。

2 調べる場面（調べる＋話し合う）での活用

● 調べる場面

　端末をもつことで、子どもたちは容易に調べることができるようになりました。インターネットからの情報を簡単に取得することができます。資料集等の QR コードで動画を即時的に見ることもできます。また、ロイロには図7のような「資料箱」があり、そこに教師が様々な資料を入れておくことで、子どもたちは必要に応じて資料を取り出せるようになります。

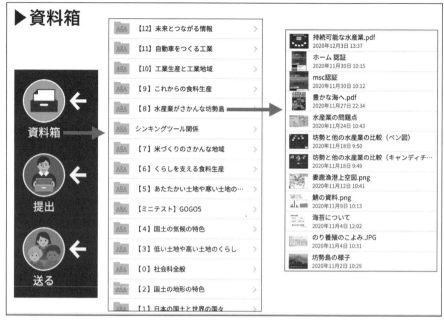

図7　ロイロの資料箱

　探しても見つからない資料やほしい資料があれば，遠慮なく教師や友達に訊くよう促します。調べている時に，その子に適した資料をデータとして紹介，配布することが容易に，即時的にできます。だからこそ，子どもたちには「得た情報は本当に正しく有益なのか？」「問題解決のために本当に自分にとって大切な情報とは何なのか？」を常に問えるようにしなければなりません。社会科に限らずその教科，どの活動においても子どもたちのメディアリテラシーを育てる意識をもつことが必要です。

　また，調べる活動をしているうちに，子どもたちは集めた情報を整理していきます。その時に有効なのが思考ツールです。例えば図8の「くらげチャート」では，調べた具体から抽象的思考を働かせることができます。子どもたちが効果的に使用しているものがあれば，その都度取りあげて，なぜ効果的なのかを全体に説明します。そうすることで，「どのような目的でどのように使えるのか」ということが広がっていきます。

思考ツールは便利ですが，使うことが目的化しないように気をつける必要があります。あくまでも子どもたちの思考の整理をしやすくするための手段としてのツールです。「自分の考えを整理しやすいものがあれば使う」くらいの感覚でよいでしょう。

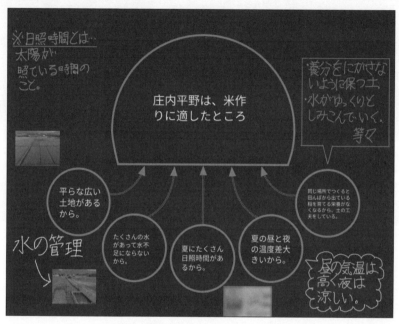

図8　思考ツール（くらげチャート）

　調べたことを整理する時に意識させたいことは，「目に見えるもの」と「目に見えないもの」です。社会的事象の目に見える事実と目に見えない意味や特色を往還しながら，より深いレベルで社会的事象を捉えていくところに社会科の本質があります。

　子どもたちが調べる時，まずは「目に見えるもの」，つまり事実のみを見出していきます。ですが，それだけでは不十分です。目に見える社会的事象の裏側にある意味や特色，想いや願いなどの「目には見えないもの」を見出す必要があります。そこで，「目に見えるもの」と「目に見えないもの」を明示的に区別することを意識づけます。

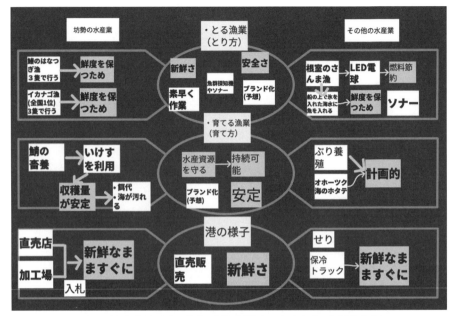

図9 「目に見えるもの」と「目に見えないもの」を明示的に区別
（アミかけがピンク色のカード）

　図9は，地元の水産業の事例と教科書の事例を観点ごとに比較して共通点と相違点を分類したものです。「目に見える事実」は白色のカード，「目に見えない意味や特色」等はピンク色のカードに書きます。そうすることで，自分が考えて導き出したものは，「目に見えるもの」なのか「目に見えないもの」なのかを自覚的に意識することができます。また，矢印でつなぐことで，社会的事象の因果関係が見えやすくなります。

　ロイロの特徴の1つは「明示性」です。カードの色を変え，カード同士を結びつけるということが即時的にできるので，子どもたちも手軽に行え，一覧として関係性も見やすくなるのです。

このように明示性を意識することで，子どもたちは自分が調べて見出したことに対して，図10のように色を変えたりしながら「目に見えないもの」を意識するようになってきます。

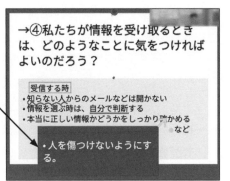

図10 「目に見えないもの」の色を変える

● 話し合う場面

5年生小単元「情報を生かして発展する産業」，ニトリの輸送方法の特徴を考える場面を事例に説明します。ニトリは，「モーダルシフト」という輸送方法で製品を運んでいます。そのよさは何なのかを考え，話し合いました。

話し合う前に自分の考えをカードに書いてロイロ上で提出します。例えば以下のようになります。

提出したカードを全員で共有します。一覧になった全員の意見をまずはじっくりと見ます。その中で，共通している意見を見つけます。例えば，図11では，CO₂などの環境面に関する意見と，コスト面があげられています。そ

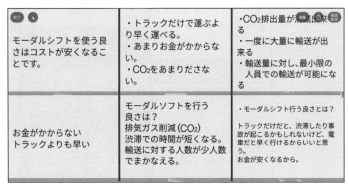

図11 「モーダルシフト」を行うよさ

れぞれに着目させて，焦点を絞った話し合いを進めることができます。一覧になった全員の意見を見て，気になる意見や聞いてみたい意見などをあげさせて話し合いを組織する方法も考えられます。

　このように，話し合う時に端末を活用することのよさは，

・子どもたちが根拠をもって話し合いに参加できるようになること

・自分の考えを提出するのでお客様状態がなくなること

・共有化が図られるので関わり合いが生まれること

・新たな考えが生まれやすくなること

などが考えられます。

　多面的・多角的に社会的事象を読み取り，他者の考えに触れて自分の考えをアップデートさせていくには，対話や話し合いが必要です。このように，全員参加を促し，学習内容を深めるためにも端末は有効だと考えられます。

3 まとめ・振り返る場面での活用

　単元としてのまとめや振り返りを行う場面です。社会科では単元として振り返ることで，概念等の知識を獲得することが重要です。

　図12のように，学習内容と学習方法をわけて振り返る方法が考えられます。その際，振り返りの視点を与えることでそれぞれ明確に詳細に振り返ることができます。

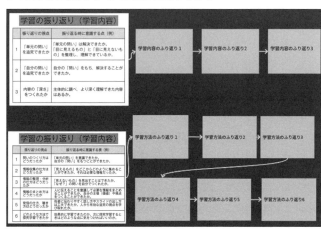

図12　学習内容と学習方法

44

図13のように，振り返りを共有することで，書きにくさを感じている子も友達のものを参考に書き進めることができます。

ロイロの特徴の1つとして「保存」しやすいことがあげられます。子どもたちは毎時間の学習の記録をその都度ロイロに保存していきます。保

図13　振り返りの共有

存したものを活用して単元を振り返る時には，図14や図15のような「単元表」が有効です。

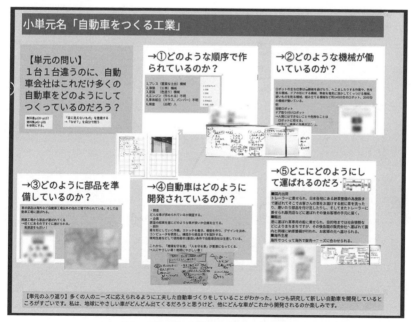

図14　単元表「自動車をつくる工業」

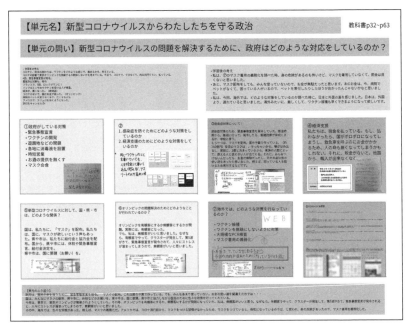

図15　単元表「新型コロナウイルスからわたしたちを守る政治」

　単元表には学習問題（単元の問い）や本時の問い，学んだ学習内容を書き込みます。最終的に，文字テキストと画像テキストが入った一覧表に仕上げます。そうすることで子どもたちは，この単元で何をどのように学んだのかを俯瞰して見ることができます。

　ロイロでは，文字テキストと画像テキストを挿入し，自由に柔軟につくり変えることができます。ノート画像を入れたり，板書画像を入れたり，文字テキストと画像テキストを加工しやすく，変化させながらまとめやすくなっています。また，それぞれのつながりも見えやすくなります。

　これは，文字テキストによる情報が多い方がわかりやすい子と，画像テキストが多い方がわかりやすい子，それぞれ自分の学び方に合わせて工夫することができるということです。このようにしてできあがった単元表を俯瞰し，単元全体に対する学びの振り返りを行います。

　その他，単元表では図16のような利点が考えられます。

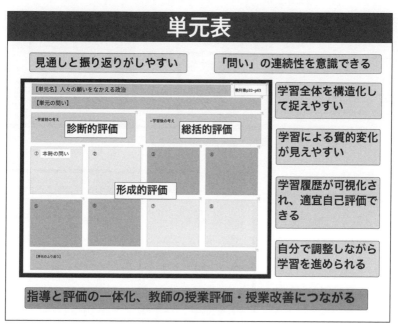

図16　単元表の利点

・診断的評価，総括的評価，形成的評価がしやすい

・見通しと振り返りがしやすい

・「問い」の連続性を意識できる

・学習全体を構造化して捉えやすい

・学習による質的変化が見えやすい

・学習履歴が可視化され，適宜自己評価できる

・自分で調整しながら学習を進められる

などです。

　子どものためにあるのですが，指導と評価の一体化が行われ，教師の授業評価・授業改善にもつなげることができます。

　単元表をもとにした実践は，第3章 p.182〜をご参照ください。

　また，これらの単元表を画面上で並べていくことで，学期の振り返り，学年の振り返りと，より大きな規模での学習の振り返りを行うことができます。

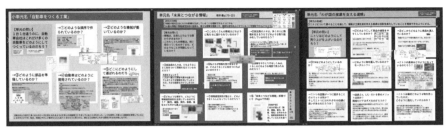

図17　各単元の単元表を並べる

次の歴史のような長い
スパンでの学習で，それ
ぞれの小単元の振り返り
を書いていきます。それ
を最後に俯瞰することで
それぞれのつながりも見
え，大きな視点で振り返
ることができます。少し
ずつ書き留めていき，そ
れらを比較したり関連付
けたりすることで，より

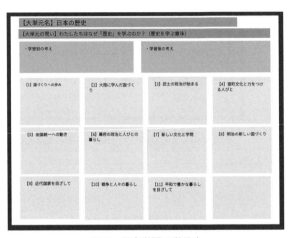

図18　歴史学習の単元表

深い捉え方ができるようにします。そのような深い捉え方を通して，子ども
たちは歴史を学ぶ意味を考えることができるのではないかと感じています。

　単元を俯瞰して振り返るということは，社会科だけでなく，どの教科でも
重要なことだといえます。教科に関係なく横断的に活用できることも，端末
がもつよさの１つです。

　図19の写真では，単元表をアレンジしてつくっています。

　上側は「事実編」としています。教科書に書かれていることを中心に書い
ているようです。つまり，目に見えるものを集めているという感じです。

　下側は「考え追求編」としています。自分で考えたことや解釈したことを
中心に書いているようです。つまり，目には見えないものを集めているとい

う感じです。

この柔軟性は，紙にはない端末のよさだと感じます。自分で「よい」と思うことを発見し，それを自由に自分で創っていくという感じです。

図20の写真では，自分で工夫して「資料スペース」や「ノートスペース」など

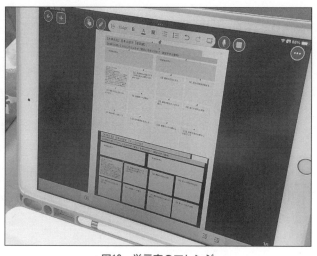

図19　単元表のアレンジ

をつくっています。それをミラーリングして全体で共有しています。1人がしている工夫はこのようにどんどん広めていきます。取り入れるかどうかはそれぞれの子が選択します。

採用しなくても，このような工夫をどんどん紹介することで，「いろんな工夫があって，その工夫をどんどん進めていけばいい」というメッセージになります。

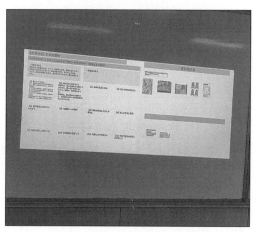

図20　スペースを付け加える

次のような表（表1）を子どもに配布しています。

単元表をまとめる時の参考にもなり，1つひとつ確認することができます。これを写せばいいというわけではなく，これらを基本事項として，さらに自分の考えを深める材料とするためです。子どもたちに手渡せばいいと思うものは，データとしてどんどん手渡していきます。

	歴史学習の内容とキーワード・ポイント		
	学習内容	キーワード	ポイント
1	①狩猟・採集や農耕の生活 ②古墳 ③大和朝廷（大和政権）による統一の様子	①貝塚や時などの遺物、狩猟や採集の生活、稲作 ②古墳の規模や出土品 ③支配者、豪族、卑弥呼、邪馬台国、地域の統一	村から国へと変化したこと
2	①大陸文化の摂取 ②大化の改新 ③大仏造営	①聖徳太子、小野妹子、遣隋使 ②中大兄皇子、中臣鎌足 ③聖武天皇、行基、東大寺の大仏、鑑真、仏教の発展	天皇を中心とした政治が確立されたこと
3	①貴族の生活や文化	①藤原道長、紫式部、清少納言、かな文字、大和絵など	日本風の文化が生まれたこと
4	①源平の戦い ②鎌倉幕府の始まり ③元との戦い	①源氏、平氏、源義経、平清盛 ②主従、地頭、源頼朝、鎌倉幕府 ③北条時宗、御家人	武士による政治が始まったこと
5	①京都の室町に幕府が置かれた頃の代表的な建造物や絵画	①足利義満、金閣、足利義政、銀閣、書院造、和風建築、雪舟、水墨画	今日の生活文化につながる室町文化が生まれたこと
6	①キリスト教の伝来 ②織田・豊臣の天下統一	①ザビエル、キリスト教 ②ポルトガル人、鉄砲、織田信長、豊臣秀吉、検地、刀狩	戦国の世が統一されたこと
7	①江戸幕府の始まり ②参勤交代や鎖国などの幕府の政策 ③身分制	①徳川家康、関ヶ原の戦い、江戸幕府 ②親藩、譜代、外様、徳川家光、キリスト教の禁止、海外との交流を制限 ③武士を中心とする身分制	武士による政治が安定したこと
8	①歌舞伎や浮世絵 ②国学や蘭学	①近松門左衛門、歌川広重 ②本居宣長、国学、杉田玄白、『解体新書』、伊能忠敬、日本地図	町人の文化が栄え新しい学問がおこったこと
9	①黒船の来航 ②廃藩置県や四民平等などの改革 ③文明開化	①ペリー、勝海舟、西郷隆盛、江戸城の受け渡し ②西郷隆盛、大久保利通、木戸孝允、明治天皇、五箇条の御誓文、廃藩置県、四民平等、近代国家 ③福沢諭吉、欧米の思想	我が国が明治維新を機に欧米の文化を取り入れつつ近代化を進めたこと
10	①大日本帝国憲法の発布 ②日清・日露の戦争 ③条約改正 ④科学の発展	①板垣退助、大隈重信、国会、政党、伊藤博文、憲法制定 ②東郷平八郎、朝鮮半島及び中国への損害 ③不平等条約、陸奥宗光、小村寿太郎 ④野口英世、黄熱病	我が国の国力が充実し国際的地位が向上したこと
11	①日中戦争や我が国に関わる第二次世界大戦 ②日本国憲法の制定 ③オリンピック・パラリンピックの開催	①戦時体制、太平洋戦争、空襲、沖縄戦、広島・長崎への原子爆弾の投下、国民の大きな被害、アジア諸国の人々に対しての多大な損害 ②平和で民主的な憲法、日本国憲法制定 ③国際社会に復帰、電化製品、東京オリンピック、世界平和の実現	戦後我が国は民主的な国家として出発し、国民生活が向上し、国際社会の中で重要な役割を果たしてきたこと

表1　歴史学習の内容とキーワード・ポイント

4 いかす場面での活用

　まとめをいかして、さらなる学習の発展が期待できます。例えば、一般化を図ったり、選択・判断をしたりする方法です。

● 一般化

　3年生「地域の安全を守る」単元では、一般化を図ります。そのために消防と警察を学習した後に比較させます。消防の仕事と警察の仕事を比較させることで、相違点と共通点が見えてきます。仕事内容は違いますが、どちらも協力して地域の安全を守ったり、命に関わる仕事をしたりしているということは同じです。

それらのことを子どもたちが話し合いながら，整理していきます。

例えばベン図を使った整理は図21の通りです。

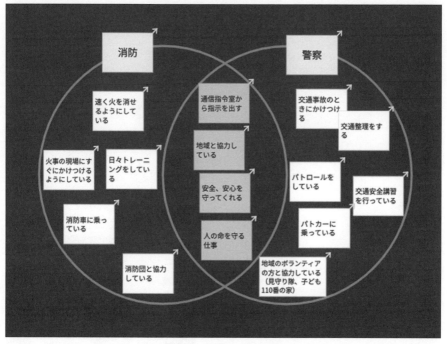

図21　ベン図による比較

　その他，３年生では，自分たちの市について学習します。３年生の子どもたちにとって，土地の様子の捉えは漠然としています。他の地域も自分たちの土地と同じだという子もいるでしょう。土地概念は十分に形成されていません。

　そこで，自分たちの市の学習を終えた後に，教科書の事例と比較をするのです。自分の市と他の市（教科書の事例）を比較することで自分たちの市への関心を高めることができます。自分の市の特色を見つけ，土地利用の概念をさらに深めることができます。また，得た概念をさらに他の事例にも転移させようとします。転移させることで概念を深め，拡げることができるのです。

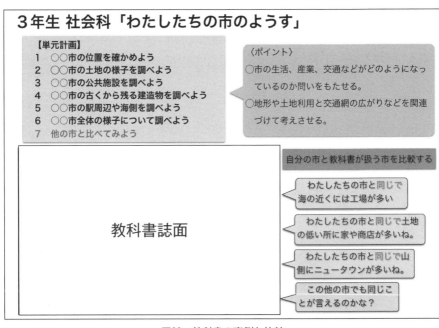

3年生 社会科「わたしたちの市のようす」

【単元計画】
1　○○市の位置を確かめよう
2　○○市の土地の様子を調べよう
3　○○市の公共施設を調べよう
4　○○市の古くから残る建造物を調べよう
5　○○市の駅周辺や海側を調べよう
6　○○市全体の様子について調べよう
7　他の市と比べてみよう

〈ポイント〉
○市の生活、産業、交通などがどのようになっているのか問いをもたせる。
○地形や土地利用と交通網の広がりなどを関連づけて考えさせる。

教科書誌面

自分の市と教科書が扱う市を比較する

わたしたちの市と同じで海の近くには工場が多い

わたしたちの市と同じで土地の低い所に家や商店が多いね。

わたしたちの市と同じで山側にニュータウンが多いね。

この他の市でも同じことが言えるのかな？

図22　教科書の事例と比較

5年生の「さまざまな土地のくらし」単元は，「低い土地のくらし」か「高い土地のくらし」，「あたたかい土地のくらし」か「寒い土地のくらし」，いずれかを選択して学習することになっています。軽重はつけますが，あえてどちらもの事例を扱い比較することで，獲得できる知識の抽象度も上がります。

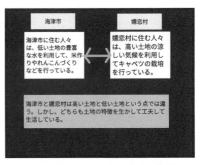

図23　低い土地と高い土地の比較

図23のようにロイロのカードでまとめます。フォーマットを与えて考えさせてもよいでしょう。

図24のように，「あたたかい土地のくらし」と「寒い土地のくらし」でも比較させ，知識の抽象度を上げます。

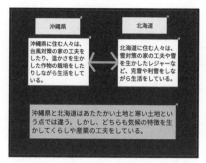

図24　あたたかい土地と寒い土地の比較

　さらに，図25のように，それぞれのカードをロイロ上で並べます。低い土地（海津市）と高い土地（嬬恋村）を比較して得た知識と，あたたかい土地（沖縄県）と寒い土地（北海道）を比較して得た知識同士を比較させます。

　土地と気候，つまり，「それぞれの土地に住む人々は，その土地の自然条件を生かしてくらしや産

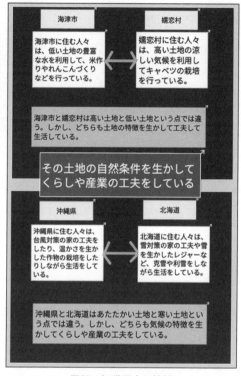

図25　知識同士の比較

業の工夫をしている」という概念的知識を獲得することができます。知識の質が高まる瞬間です。

　ロイロのカードを使って自分の手元で１人ひとりが操作することに意味があります。比較の仕方，関連付ける方法なども子どもたちは獲得していきます。

● 選択・判断

　選択・判断させることで，自分たちの生活との関わりを関連付けて考えさせることも大切です。この選択・判断は，単元の中での概念的知識の積み上げ方の違いによって質も変わってきます。

　ちなみに，「小学校学習指導要領（平成29年告示）解説　社会編」には，以下のように明記されています。

　小学校社会科における「思考力，判断力」は，社会的事象の特色や相互の関連，意味を多角的に考える力，社会に見られる課題を把握して，その解決に向けて，学習したことを基に，社会への関わり方を選択・判断する力である。

　さらに，「小学校学習指導要領（平成29年告示）解説　社会編」の中に，「選択・判断」するべき場面が明記されています。

　図26のように整理しました。

　どこで選択・判断させるべきか捉えておく必要があります。5・6年生に比べて，3・4年生に選択・判断する場面が多いのは，地域社会における身近な社会的事象なので，社会への関わり方も考えやすいからです。

学年	単元	選択・判断する内容　多角的に考える内容
3年生	地域の安全を守る	地域や自分自身の安全を守るために自分たちにできることなどを考えたり選択・判断したり
4年生	人々の健康や生活環境を支える事業	ゴミの減量や水を汚さない工夫など、自分たちにできることを考えたり選択・判断したり
4年生	自然災害から人々を守る活動	地域で起こり得る災害を想定し、日頃から必要な備えをするなど、自分にできることなどを考えたり選択・判断したり
4年生	県内の伝統文化、先人の働き	地域の伝統や文化の保存や継承に関わって、自分たちにできることなどを考えたり選択・判断したり
5年生	我が国の農業や水産業における食料生産	消費者や生産者の立場などから多角的に考えて、これからの農業などの発展について自分の考えをまとめる
5年生	我が国の工業生産	消費者や生産者の立場などから多角的に考えて、これからの工業の発展について自分の考えをまとめる
5年生	我が国の産業と情報との関わり	産業と国民の立場から多角的に考えて、情報化の進展に伴う産業の発展や公民生活の向上について、自分の考えをまとめる（情報化社会のよさや課題も）
5年生	我が国の国土の自然環境と国民生活との関連	国土の環境保全について、自分たちにできることなどを考えたり選択・判断したり
6年生	我が国の政治の働き	国民としての政治への関わり方について多角的に考えて、自分の考えをまとめる
6年生	グローバル化する世界と日本の役割	世界の人々とともに生きていくために大切なことや、今後、我が国が国際社会において果たすべき役割などを多角的に考えたり選択・判断したり

図26　選択・判断する場面と
多角的に判断する場面

　一方，5・6年生になると，「多角的に考える」となっています。学習対象が広く，テーマが大きくなるので，選択・判断しづらくなってくるからです。

「多角的に考える」ということは，それぞれの立場から考えるということです。「多角的」に考えさせるポイントは「主語」を明確にすることです。「生産者は……」「消費者は……」「情報を発信する側は……」「農民は……」「武士は……」などです。

小学校学習指導要領の中には「多面的」という言葉は出てきません。しかし，多角的に考えれば自ずと多面的に事象を見るようになります。大切なのは，多角的であろうが，多面的であろうが，社会的事象がもつ多様な側面を多様な角度やいろいろな立場から捉えさせることで，より質の高い概念的知識を獲得させることです。

学年	単元	選択・判断する内容
3	地域の安全を守る	地域や自分自身の安全を守るために自分たちにできることなどを考えたり選択・判断したり
4	人々の健康や生活環境を支える事業	ゴミの減量や水を汚さない工夫など，自分たちにできることを考えたり選択・判断したり
4	自然災害から人々を守る活動	地域で起こり得る災害を想定し，日頃から必要な備えをするなど，自分にできることを考えたり選択・判断したり
4	県内の伝統文化，先人の働き	地域の伝統や文化の保存や継承に関わって，自分たちにできることなどを考えたり選択・判断したり
5	我が国の国土の自然環境と国民生活との関連	国土の環境保全について，自分たちにできることなどを考えたり選択・判断したり
6	グローバル化する世界と日本の役割	世界の人々とともに生きていくために大切なことや，今後，我が国が国際社会において果たすべき役割などを多角的に考えたり選択・判断したり

図27　選択・判断する場面

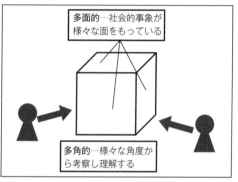

図28　多面的に考えることと多角的に考えること

例えば，4年生の「ごみのしょりと活用」の単元前半は，ごみの処理の仕方について学習します。「ごみを処理する事業は，生活環境の維持と向上のため，衛生的な処理や資源の有効利用ができるよう進められている」という知識を獲得します。

単元後半では，社会への関わり方について学習します。ここでは，ごみの減量やリサイクルなど，自分たちにできることを考える活動がよく行われます。しかし，形式的に他人ごとのように考える場合も少なくありません。自分ごととして捉え，切実感をもたせる必要があります。そこで，子どもたちにとって身近な問題であり，現実的な社会問題である食品ロス問題を取りあげます。

まずは，食品メーカーや店など，食品ロスが発生する場所を提示し，食品ロスが発生する理由について把握します。

・食品メーカーでは不良品があったりつくりすぎたりして捨てられること。

・店では賞味期限が切れて捨てられることが多いこと。

などです。

　次に，食品ロスを減らす取り組みを考えさせたり紹介したりすることで，社会的に取り組む必要性があることを感じさせます。

・賞味期限の表記方法の工夫。

・売れる分だけつくるようにしていること。

・食品ロスは，もったいないだけでなく，資源や環境面にも大きな影響を与える問題があること。

・多くの費用がかかって，経済的にも負担が大きくなること。

などです。

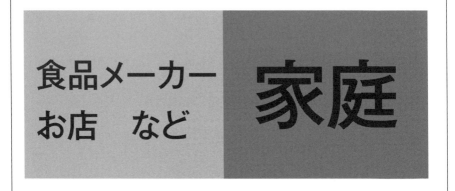

図29　食品ロスの内訳

最後に，家庭での食品ロスの多さを示す資料を提示し，驚きを引き出すことで，自分たちの生活に意識を向けさせます。そして，食品ロスを減らすために自分たちができることを考えさせます。

　食品ロスが与える影響を把握した上での判断なので，子どもたちの切実感を伴った行動につながることが期待されます。

　自分が選択・判断したものは，図30のようにロイロ上にしっかりと保存しておきます。

　折に触れてそこへ立ち戻ることで，自分が自己決定した事柄を想起し，行動につなげるきっかけとなるようにします。

> 私が今日の授業で本当に驚いたことは、食品ロスが643万トンということです。そのことをおにぎりでたとえると、毎日一人の人がおにぎりを2個ずつ捨てていることになります。
> 食品メーカー、お店など、特に家庭内での食品ロスが多いことがわかり、ショックでした。
> 食品ロスをすると、もったいないだけでなく、環境にも悪いです。
> 自分たちでできることがあるとしたら、家庭では、できることをやりたいので、食べ残しをせずに食べ切ります。
> そしてお店では、あまりまとめ買いをしないで、必要なものだけ買う。レストランでは、本当に食べられる量だけ食べるということをしていきます。

図30　子どもの振り返り

　選択・判断に関する実践については，第3章 p.134～（椎井実践）に詳しいです。ご参照ください。

（宗實　直樹）

【参考資料】
・宗實直樹『宗實直樹の社会科授業デザイン』東洋館出版社，2021年
・樋口万太郎・宗實直樹・吉金佳能『GIGA スクール構想で変える！1人1台端末時代の授業づくり2』明治図書，2021年
・宗實直樹『深い学びに導く社会科新発問パターン集』明治図書，2021年
・堀哲夫『新訂　一枚ポートフォリオ評価 OPPA』東洋館出版社，2019年

2 社会科×個別最適な学び　はじめの一歩

1 「指導の個別化」に向けて

中央教育審議会が出した「『令和の日本型学校教育』の構築を目指して（答申）【概要】」には，「個別最適な学び」が進められるように次のように書かれています。

> これまで以上に子供の成長やつまずき，悩みなどの理解に努め，<u>個々の興味・関心・意欲等を踏まえてきめ細かく指導・支援すること</u>や，子供が自らの状況を把握し，<u>主体的に学習を調整することができるよう促していくこと</u>が求められる。
>
> （下線筆者）

　下線の通り，子ども自ら学習が最適となるよう調整できるように，社会科における指導方法を柔軟に変えていく必要があります（指導の個別化）。

　しかしながら今までを振り返ってみると，子どもの学び方を教師が暗黙のうちに設定していたように思います。自動車に例えるならば，決められた道を決められたスピードで進んでいけるように，子どもの学びのハンドルを教師が握り，アクセルもブレーキも教師が踏んでいる状態です。

　これでは，子どもが「主体的に」「学習を調整すること」はできません。学びを方向づけているのがすべて教師だからです。例えば，社会科の追究場面，俗にいう調べ学習の場面を見ると，教師が用意した資料などから「解を探す」調べ学習が圧倒的に多いことがあげられます。もちろん，教師が意図した資料を読み取らせていく追究場面にも，「子どもに寄り道をさせない（困らせない）」「限られた時間で調査を終える」などの価値が存在します。

一方で，「専門家に電話で聞いてみたい」「友達と協力しながら調べたい」といった，調査方法を子どもが選択していくような個々の興味・関心に応えられないなどの問題点も見え隠れします。

　令和の指導観の１つに「個別最適な学び」を導入していく必要があることは第１章で述べられているとおりです。その視点でこれまでの追究場面を振り返った時，今後は問題を解決するために自ら（または多様な他者と）「解を探し出す」調べ学習へと，学習観を転換させる時期にきているのだと思います。自ら調べ抜く経験や友達と役割分担をして協働しながら調べていく経験を，社会科を通してたくさん積み重ねてあげたいものです。

　つまり，「学びのハンドルを子どもに預ける」という発想が，これからの社会科に必要になってきます。それでは，子どもの興味・関心を最大限に生かし，自分のペースで学びをつくっていく社会科の追究場面を紹介します。

2 「個別最適な学び」に向けて，何を個別化するか

　「社会科×個別最適な学び」の実現に向けて，個別化できる観点はたくさんあります。学習目標，学習内容，学習方法，学習ペース，学習環境，学習形態など，様々あげることができます。ただ，いきなりすべてを個別化することは難しいため，この中から個別化したい観点を選択・判断することが大切です。

　社会科において私がおすすめしたいのは，「学習方法」を個別化することです。つまり，調べ学習の方法や進め方（調べ学習のハンドル）を子どもに委ねようという発想です。その時のポイントは２つあります。

○クラス全員で学習問題（その時間で何を解決すればよいのか）を共有する。
○解決に向かうための調べ方やまとめ方を子ども自身が選択・判断できるように働きかける。

● 5年生「新潟発！　ホンキの減災プロジェクト」

本単元は，学習指導要領第5学年内容（五）を受けて設定したものです。内容は，日本の自然災害が国土の自然条件などと関連して発生していることを学ぶ前段と，社会の一員としてよりよい減災社会を構想する後段に分けて構成しました（全11時間）。

後段の学習の中から「学習方法」を個別化した場面について紹介するとともに，先述したポイントの具体を示します。

● 授業の実際① 学習問題を共有する

社会科で大切にしたい場面です。学習方法を個別化する前に重要なことは，子どもたちがそのことを考えたい・調べたいという課題意識を醸成することだということはいうまでもありません。追究意欲に火がつかなければ，たとえ調べ方やまとめ方を委ねたとしても，子ども自ら調べ学習を調整することは難しいからです。だからこそ，その燃料となる子どもの知的好奇心（知りたい，学びたい）を喚起することに私たち教師は全力を注ぎます。学びのハンドルを子どもに預ける時，子ども自身で「長く」そして「遠くまで」調査活動を進めるようにすることがポイントです。

本時では，「災害や危機に対して，自ら対策をしている新潟県民の割合はどのくらいだと思うか」と問うた後，67.2％という事実を提示しました。子どもははじめ「高い」「新潟県の大人はすごい」と判断しました。しかし，「いや低い」「これだったら残り32.8％の人たちは命を落とす可能性がある」という逆の見方も出されました。この声を受けてクラスの雰囲気が一変します。この後，新潟県庁の方からの解説を聞いたり，3年後の数値目標である85％に気づいたりすることで，「このままではいけない」「目標の85％にするためにはどんなことをすればいいのか」と課題意識を高めていきました。そして，クラスの学習問題を次のように設定しました（写真1）。

　3年後に災害対策をしている人が85%になるために，どうすればよいか。

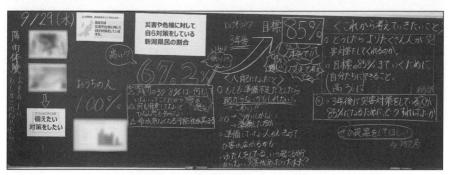

写真1　学習問題が設定された板書

● 授業の実際②　学習の進め方を問う

　課題意識を高めている子どもに，まずは「誰が，どんなことをすればよいか」と問いました（写真2）。予想を立てさせる段階です。子どもに予想を立てさせることは追究意欲を高めるための重要な働きかけになるため，時間を十分にとりました。

　すると子どもは，行政の人に着目をして，「法律をつくればよい」「CMを流すとよい」「防災グッズを県民に配ればよい」などと，自由な発想で予想を出していきます。

　ここで「行政の人は，実際にどんなことをしているのだろう」とゆさぶりをかけます。数秒間悩んだ子どもたちですが，自信をもって答えられる子どもは1人もいません。当然です。それが本当に行われているかはわからないからです。

　すると，「調べてみたい」という声が複数上がりました。学習方法を個別化する時，子ども発の「調べたい」という追究意欲が必要不可欠です。そし

写真2　学習の進め方を問う

て，この声を受け止めた上で，解決に向かうための調べ方やまとめ方を子ども自身が選択・判断できるように問い掛けます。

> この後，どのように調べ学習を進めていきたいですか。

　すると子どもは堰を切ったように「教科書」「資料集」「タブレット（インターネット）」で調べたいと答えました。また「友達と一緒に分担しながら調べたい」「〇〇さんと一緒に調べたい（ペア）」と，調査形態の発想も出てきました。さらに「ロイロノートにまとめたい」「フィッシュボーン（シンキングツール）にまとめたい」と，調査結果のまとめ方の発想も出されました。

　このような考えが出るのは，年度初めから「どんな方法で調べたいか」「どのようにしてまとめたいか」と，調査時の学習計画を子どもが思い描けるようにスモールステップ的な指導を継続してきたからです。「学びのハンドルを子どもに預ける」という指導観が，ここで生きてきます。

● 授業の実際③　自走する子ども

写真3　教科書から調べる

　学習計画を思い描いた子どもたちは，この後の勢いが違います。写真3の
ペアはいつも教科書から調べ始める子どもです。理由を聞いてみると「知り
たいことがピンポイントで載っていることが多いから」という返答がありま
した。その通りです。しかし，今回の課題は教科書や資料集にはないオリジ
ナル教材のため，いつもはクラスで一番早く結論にたどり着く2人が，早速
立ち止まります。ただ，この後の切り替えが早いことに驚きました。教科書
にないことがわかると，すぐにタブレット端末によるインターネット検索に
切り替えます。しかも2人で同じサイトを見ないように声を掛け合っていま
す。そして新潟県独自の取り組みである「新潟県防災ナビ（アプリ）」の事
実を見つけ出していきました。

写真4　分担して調査する

　写真4はいつも4人グループで調査することに価値を見出している子ども
たちです。なぜなら，調査方法の役割分担ができるからです。「動画で調べ
る」「資料集で調べる」「タブレット端末で調べる」「その情報をロイロにま
とめる」という役割が明確に割り当てられています。それぞれが得た情報を，
ロイロの生徒間通信機能を使ってやり取りします。その結果，新潟県が発信
しているパンフレットや啓発サイトについてまとめることができました。

　調査活動の途中で，先述した写真3のペアが「新潟県防災ナビについて詳
しく知りたい」「電話をかけることってできますか」と相談をしてきました。
インターネットによる調査に限界を感じ，調査方法を主体的に調整した姿で
す。もしもここで教師が断ってしまったら，自走している子どもたちの伴走
者として失格です。すぐに職員室へ戻りスマホをもってきます。そして，前
時にお世話になった新潟県庁の方に電話をかけてみると，アポなしにもかか
わらず快く回答してくださいました。

写真5　電話調査で録音機能を使う

　写真5のように，より良質な情報を求めている子どもたちの多くが，この電話調査に参加しました。そして，新潟県防災ナビについて知りたいことを，リレーをつなぐようにして質問していきます。さらに，わかった情報を聞き落とさないために端末にある録音機能を使って録音し，電話の後に他の子どもたちと共有する姿も見られました。

　ここまでの間，教師の指示は全くありません。子どもたち自身で追究の道筋を思い描き，それに基づいて適切な情報を獲得することができました。この時の主体性あふれる姿は今でも目に焼きついています。

　このようにして，新潟県を中心とする多くの自治体がどのような対策を行っているのかを，シンキングツールにまとめることができました（図1）。

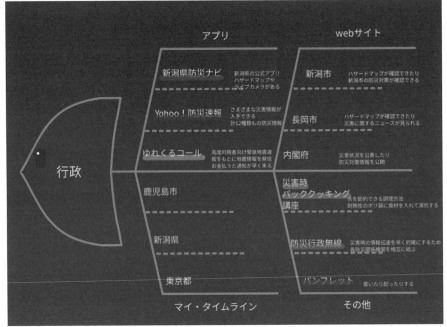

図1　調査結果をまとめたフィッシュボーン

3 社会科で学習方法を個別化する価値

　以上のように，追究する場面において学習方法を個別化する発想を取り入れると，教師が用意した資料から「解を探す」調べ学習から，問題を解決するために子ども自身が「解を探し出す」調べ学習へと転換していきます。そして，その積み重ねは次のような学びの充実へとつながっていきます。

○どんな調べ方が今の自分に合っているか，そして目の前の課題を解決するためにふさわしいのかを調整しながら学び続ける力，学習の自己調整力を育むことにつながる。
○このような情報の収集，整理・分析，まとめ・表現といった調査力は

> 教科等横断的に発揮されるため，様々な「調べる活動」に転移してい
> く力となる。

　社会科に限らず，調べ学習の方法や進め方を子どもに委ねることができる
場面はたくさんあります。繰り返しになりますが，大切なのは，私たち教師
が子ども1人ひとりに応じた学習活動や学習課題に取り組む機会を提供する
というその構えをもつことではないでしょうか。

　「学びのハンドルを子どもに預ける」という発想を大事にしながら，自走
する子どもたちの伴走者として学びを支えていきたいものです。

（椎井　慎太郎）

【参考資料】
・高橋純『教育情報誌　学びのチカラ　e-na！　VOL.1（小学校版）』教育出版株式会社，
　2021年
・『社会科教育　2022年2月号』明治図書，2022年

3 「みんな経由」の協働的な学びを実現する

1 協働的な学びの実現に向けて

　「協働的な学び」を実現していくためには，第１章同様，中央教育審議会が出した「『令和の日本型学校教育』の構築を目指して（答申）【本文】」の記述が参考になります。実践化に向けて次の２つの記述に着目してみます。

> 　人間同士のリアルな関係づくりは社会を形成していく上で不可欠であり，知・徳・体を一体的に育むためには，教師と子供の関わり合いや子供同士の関わり合い，（途中省略）専門家との交流など，様々な場面でリアルな体験を通じて学ぶことの重要性が，AI技術が高度に発達するSociety5.0時代にこそ一層高まるものである。
>
> （下線筆者）

> 　さらに，ICTの活用により，子供一人一人が自分のペースを大事にしながら共同で作成・編集等を行う活動や，多様な意見を共有しつつ合意形成を図る活動など，「協働的な学び」もまた発展させることができる。ICTを利用して空間的・時間的制約を緩和することによって，遠隔地の専門家とつないだ授業や他の学校・地域や海外との交流など，今までできなかった学習活動も可能となることから，その新たな可能性を「主体的・対話的で深い学び」の実現に向けた授業改善に生かしていくことが求められる。
>
> （下線筆者）

　下線部に着目して「協働的な学び」の実現に向けた授業改善の視点を整理

すると，次のようになります。

① Society5.0時代だからこそ，教師と子どもの関わり合いや子ども同士の関わり合い，専門家との交流が一層求められる。
② ICT を活用して，共同で作成・編集等を行う活動や，多様な意見を共有しつつ合意形成を図る活動を設定する。
③空間的・時間的制約を超えた，遠隔地の専門家とつないだ授業や他の学校の子どもなどとの学び合いも大切である。

　このうち，①の視点と，②にある ICT を活用しながら多様な意見を共有していく一例として，５年生「環境とともに生きる ～No more 公害～」の実践をご紹介します。なお，②共同で作成・編集等を行う活動の実践はp.119～で，③遠隔地の専門家とつないだ実践は p.141～で紹介しています。併せてご覧いただけると幸いです。

2 「自分発⇒みんな経由⇒自分行き」の協働的な学び

● ポイントは対話的な問題解決

　安野（2019）は，『社会科 NAVI　VOL.23』の中で，子ども同士の関わり合いのポイントを次のように説明しています。

　教師が一人一人の子供の主体的な学びを大切にしながら，それぞれが知恵を出し合い，互いの考えに学び合う「自分発⇒みんな経由⇒自分行き」の学びを展開できるよう，様々な指導の手立てを工夫していくことが大切です。

○「自分発」の学びとは，全ての子供が自分の考えをもって他者と関わ
　れるようにすることです。
○「みんな経由」の学びとは，それぞれの考えをペアで伝え合ったり，
　みんなで話し合ったりすることです。
○「自分行き」の学びとは，みんなで学び合ったことを参考にして自分
　の考えを再度検討し，最終的な考えをまとめることです。

　このような対話的な問題解決の過程を，「協働的な学び」のポイントとし
て可視化すると，次のようになります（図1）。

（安野功『社会科 NAVI　VOL.23』日本文教出版，2019を参考に筆者作成）

図1　協働的な学びのポイント

　さらに，みんな経由の学びを幅広く捉え，「多様な他者」と協働する場と
して位置づけます（図2）。このように，「自分発⇒みんな経由⇒自分行き」
というフレーズを協働的な学びのポイントに位置づけ，単元を構想しました。

図2　みんな経由の学び

● 5年生「環境とともに生きる ～No more 公害～」

　本単元は，学習指導要領第5学年内容（五）を受けて設定したものです。内容は，水質汚濁の具体的事例として「新潟水俣病」について学ぶ前段と，身近にある公害を減らすために自分たちができることを選択・判断する後段に分けて構成しました。子どもたちの学びが実社会とつながるような展開となるよう，心がけました。

　また，協働していただく多様な他者は，教材研究の一環で取材・見学に出向いた際にお会いした，新潟水俣病学習サポーターの方と新潟市環境対策課の方にお願いをしました。社会科の協働的な学びを実現するためには，このように足でかせぎ，新たなつながりをつくる教材研究も大事な側面となります。

　単元計画は次の通りです。

時	学習活動
1	○北九州市で発生した公害と四大公害病の発生箇所や原因のあらましに着目した後，学習問題をつくる。
2・3	○新潟水俣病資料館で語り部の話を聞いたり，館内の資料を調査したりして，新潟水俣病の概要を知る。
道徳	○新潟水俣病の原因追究や公害認定に向けて懸命に取り組んできた人々の生き方を学ぶことで，病気に対する差別をなくしていこうとする心情を高める。
4・5・6	○公害を起こさないように，市民・市，県・工場の取り組みに着目して，それぞれの果たした役割や自分が大切だなと思う取り組みを考える。 ※新潟水俣病学習サポーターの方に，学習を支援していただく。 ○これまでの学習を振り返り，新潟水俣病が私たちに教えてくれたことを考える。
7	○現代版の公害があることに着目し，社会への関わり方を選択・判断するための学習問題を設定する。 ※新潟市環境対策課の方から，学習を支援していただく。 ○自分の考えをもち，隣同士で解決策を交流し合う。
8	○多様な他者とともに身近な公害を減らすための解決策を検討し，自分たちにできることを理由とともに選択・判断する。 ※子どもの求めに応じて，新潟水俣病学習サポーターの方や，新潟市環境対策課の方に学習を支援していただく。

単元計画（全8時間）

● 授業の実際（第7時）

　第7時までに子どもは，「指導計画」の通り学習してきています。市民・市，県・工場の努力やそれぞれの果たした役割によって新潟水俣病が発生しなくなっていることや，新潟水俣病が私たちに教えてくれたこと（教訓）を

理解している状態です。しかし，現代の生活の周りにある公害（典型７公害）に対して自分たちが協力できることや，それを実行する上で大切なことを考えるまでには至っていませんでした。このような子どもに，次のように働きかけました。

　まず，授業の冒頭で「新潟水俣病のような公害が，今後起こってもよいでしょうか」と子どもたちに問います。すると，全員が「もう二度と起こってほしくない」と答えました。当然の感覚です。そのような子どもに「でも，今も公害はあります」と伝えると，多くの子どもが目を開いて驚きました。子どもの思いや願いに反する意外な事実だったからです。

　ここで，新潟市環境対策課の方から典型７公害の情報を提示してもらいました（図３）。このままではいけないと，課題意識をもたせるためです。

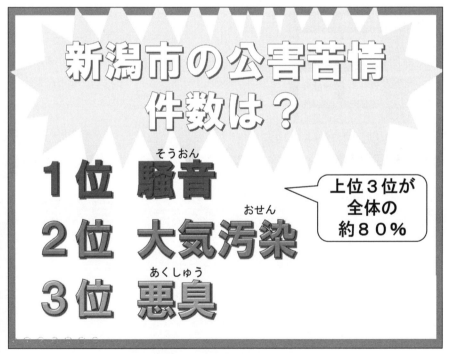

図３　新潟市の公害苦情件数トップ３（2019）

その後に，全員で考えていきたいことを問うと，子どもは次のような学習問題を設定しました。

> 私たちの身近な公害（騒音や悪臭など）をなくすためには，どうすればいいだろうか。

その後，「自分の考える解決策とその理由をフィッシュボーンに書きましょう」と指示を出して，ロイロのデジタルシンキングツール上に記入させました。すべての子どもが自分の考えをもって他者と関われるようにする「自分発」の段階です（図4）。子どもは次のように考えを記入し，まずはクラス全員と考えを交流しました（図5）。

図4　デジタルシンキングツール（ICT）を活用する

初発の考えをペアやグループで伝え合う

32人がそれぞれの「解決策」とその理由を交わし合うことによって，自分の考えの見直しが図られます。

みんな経由
①

図5　みんな経由（1回目）

● 授業の実際（第8時）

　それぞれの考えをペアで伝え合ったり，みんなで話し合ったりする「みんな経由」のファーストステップを終えた後，自分なりの解決策を一度ブラッシュアップしている子どもに「自分が考えた解決策を実行すれば，身近な公害は減らしていけそうですか」と問いました。

　すると，「できる」「できない」「実行できる解決策もあれば，できないものもあるはずだ」と，様々な意見が出されました。自分が考えた解決策は実現できるのか，また実効性はあるのだろうかという雰囲気が醸成されます。

　このような子どもに「この後，どのように学習を進めていきたいか」と学習の見通しを問うと，これまでの学習経験を想起しながら，2つの学習の進め方が提案されました（図6）。

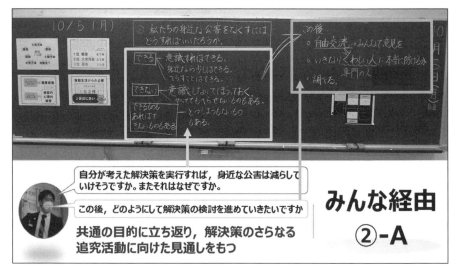

図6 「みんな経由」を発展させるための働きかけ

　1つは，これまでお世話になった専門家に解決策を提案したいというアイデア，もう1つは，もう一度友達と対話をしながら解決策を検討したいというアイデアです。この声を受けて，奥で待っていただいていた新潟水俣病学習サポーターの方と新潟市環境対策課の方に登場していただきました。まさかの登場に驚きを隠せない子どもたちでしたが，自分の選択した方法に従って意欲的に次の追究活動へ進んでいきました。

　ここで，専門家に解決策を聞いてほしいというアイデアが出たのは，第4〜7時において専門家と出会い，充実した学びを実感しているからに他なりません。子どもたちの「こうしたい！」という声に応えた「協働的な学び」を実現するためにも，教師は多様な他者との出会いやその演出を意図的・計画的に組織することが大切です。

図7　みんな経由（2回目）

　図7の通り，友達や専門家と解決策を交流し，最も優先順位の高い解決策を検討する場を設定しました。複数の友達と解決策を伝え合う子どももいれば，専門家に解決策を提案してアドバイスをもらう子どももいます。その過程において子どもは，他者と自分の解決策やその理由，考え方の視点の違いを理解したり，理解したことをメモなどに残して取り入れながら，自分の解決策をよりよく捉え直したりしていくことができました。

　残りの時間で設定した「自分行き」の場面では，みんなで学び合ったことを参考にして自分の考えを再度検討し，最終的な考えをまとめることができました（図8）。

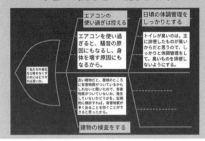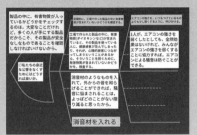

多様な他者とともに解決策を検討し，複数の視点から社会への関わり方を見いだす | 自分行き

子供は様々な解決策や考え方の視点をもつ他者とともに考えを交わし合うことによって，自分の解決策の中に他者の考えを取り入れます。その結果，解決策の再検討が始まり，最終的な社会への関わり方を創り変えていきます。

図8 「自分行き」で最終的な考えをまとめる

3 協働的な学びがもたらすもの

　最終的な振り返りを見ると，典型７公害の改善という社会に見られる課題の解決に向けて，「何をどのように改善したらいいのか」「自分はどのように関わっていったらいいのか」と，解決策や社会への関わり方を複数見出し，よりよいものを選択・判断することができたと見ることができます（図9）。公害のないよりよい社会を考え，主体的に問題を解決しようとする態度や，学習したことを社会生活に生かそうとする態度など，社会の形成者に必要な公民としての資質・能力の基礎を育成することができました。

　このことから，「自分発⇒みんな経由⇒自分行き」の協働的な学びが有効に働いたといえそうです。問題解決をする際，まずはじめは１人で考えることが多いと思いますが，その過程において協働する友達や地域の方々，専門家などの多様な他者の存在と影響は非常に大きいのだと，改めて実感することができました。

「Society5.0時代だからこそ，教師と子どもの関わり合いや子ども同士の関わり合い，専門家との交流が一層求められる」ことをもう一度確認し，まずは社会科から協働的な学びの充実を図っていきたいです。

〈身近な公害をなくすためにはどうすればよいのか〉
　私は，まずは１人ひとりが意識することだと思います。意識しないと，身近な公害はなくならないから，ゴミをきちんとした場所に置く，家庭の公害点検表をつくる，テレビの音量を下げるなど，少しずつやっていくしかないと思います。家庭の公害点検表は，例えば騒音だとこれくらいで音が大きいなど，基準をつくって対策するのでいいと思いました。
　次にチラシやポスターなどで身近に典型公害があることを家庭に知らせることです。典型７公害があるということは，公害を知らないということなので，家庭に呼びかけたらテレビの音を下げたり，ゴミを早く捨てるなどの対策ができるのではないかなと思いました。
　３つ目は，家庭で対策をするのではなくて，工場や地域の人が対策をする，町でそうじ活動や工場の煙をリサイクルする対策です。これは私が考えていなかったので，なるほどなと思いました。
　工場の煙をリサイクルするのは工場の都合もあるし難しいけれど，町でのゴミ拾いやゴミは早めに捨てるなどは，地域の人，自分が意識していけば，減らせると思いました。
　最後，私も考えたイベントを開くという解決策です。イベントというのは，例えば，公害に関することを説明会や講演会などで知ってもらうことです。さっきも出てきた通り四大公害病は知っているかもしれないけど，典型７公害を知っている人は，少ないのではないかなと思ったので，この説明会や講演会などで知ってもらったら，お金を寄付してもらったり，取り組みを知ってもらえるのではないかなと思ったので，イベントを開くとつながって，いろんな取り組みなどをやって，公害を減らせると思いました。
　前に習った，四大公害病は，亡くなる人もいるとても恐ろしい病気でした。でも今回は，少し違って，亡くなる人はあまりいないと思います。でも困る人はとてもたくさんいるので，たくさんの取り組みで，騒音などで困っている人を救って，もうこんな公害が起きないように努力したいです。「遠きに行くは必ず近きよりす」で，一歩一歩進めていきたいです。

図９　子どもの振り返り記述

（椎井　慎太郎）

【参考資料】
・平井聡一郎 編『GIGA スクール構想で進化する学校，取り残される学校』教育開発研究所，2021年
・安野功『社会科 NAVI　VOL.23』日本文教出版，2019年
・安野功ほか編著『平成29年版　小学校　新学習指導要領　ポイント総整理　社会』東洋館出版社，2017年
・教育課程研究会 編著『「アクティブ・ラーニング」を考える』東洋館出版社，2016年
・『社会科教育　2021年３月号』明治図書，2021年

4 授業以外での効果的な活用法①

―ハイブリッドな社会科に挑戦する―

1 新しい教育様式の登場

　新型コロナウイルス感染症の影響で，私たちは「新しい生活様式」への転換を余儀なくされました。学校も同様で，従来のやり方から発想を転換し，目の前の子どもたちのために何ができるかを考え，新しい教育の方法（「新しい教育様式」）を迫られました。

　例えば，臨時休校や分散登校時における教師による対面指導と遠隔・オンライン教育との組み合わせによるハイブリッド学習は，新しい教育様式の1つとして注目されました。個人でもできる学習活動については，ICT をおおいに活用して，授業以外の場，つまり家庭に委ねます。そして登校時は「動機付け」や，できる範囲内での「対話」「協働学習」など，学校でしかできないことに重点化します。

　分散登校の措置が取られた時，私もこの方法に着目して，社会科の実践開発にチャレンジしました。結論からいえば，この時の経験が今の社会科授業の支えとなっています。いい方を変えると，「授業以外での効果的な活用」を社会科授業に取り入れた時，社会科の学びは子どもにとってより豊かになると考えます。

　令和2年度の分散登校時の実践「5年生　自然条件と人々のくらし」についてご紹介します。

2 対面指導×遠隔・オンライン教育にチャレンジ

● 調査活動を子どもと家庭に委ねる

　授業以外での端末の効果的な活用を考える際，「授業以外の場で子どもができる学習活動は何か」を考える必要があります。私は社会科の学習活動を，「学習問題の設定」「解決の見通し」「追究」「学習問題の解決」の４つの場面として捉えています（図１）。この本を手に取られている皆さんなら，どの学習活動を子どもに預けますか。

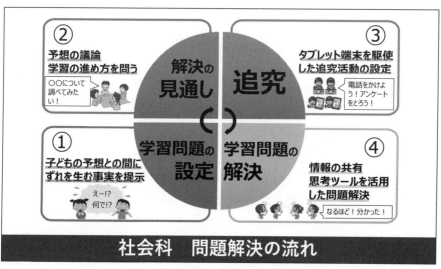

図1　社会科　問題解決の流れ

　2020年６月５日に文部科学省から出された「学校の授業における学習活動の重点化に係る留意事項等について（通知）」を見ると，社会科における学習活動の重点化について次のように記載されています。

○児童が社会的事象から学習問題を見いだし，その解決への見通しをもつ活動や学習問題を追究・解決する活動，社会への関わり方を選択・判断する活動などは学校の授業で取り扱うことが望ましい。

○児童が議論などを通して互いの考えを伝え合い，自らの考えや集団の考えを発展させることなどは，学校の授業で取り扱うことが望ましい。

○上記の学習問題を追究する活動の中で，<u>必要な情報を収集し，読み取る活動や，学習したことを基に学習問題に対する自分の考えをまとめたり，社会生活に生かそうとしたりする活動については，事前に十分に指導した上で学校の授業以外の場で取り扱うことが考えられる。</u>その際，例えば児童がまとめたレポートやノートを集めるなどして，学習状況を確認することが大切である。

(下線筆者)

　いくつかの実践を試みて，私も下線部分の記述に賛成する立場です。つまり，追究場面にあたる調べ学習は，子どもと家庭に委ねることができるということです。

　コロナ禍初期の頃を思い返すと，学びの保障を懸命に実現する一方で，限りある授業時数の中で学習をどのように進めるかについて悩まされる日々でした。教え込めば授業の内容は消化できる，でもそれだけでは「なんでだろう」「〜を調べたい」という学びに向かうための子どもたちの意欲喚起がなおざりにされてしまう……。また，教え込んだだけでは「事実的知識（見えること）を基に，概念的知識（見えないこと）を導き出す」ような社会科の本質につながる学びを子どもたちに提供できない……。そういったことが大きな悩みであり，課題でした。

　そこで，先述した通知を目にしたことも影響し，次に示すような「対面指導」と「遠隔・オンライン教育」を組み合わせたハイブリッド型の学習展開を考えました（図2）。5年前から1人1台端末の取り組みを始めていた前任校（新潟大学附属新潟小学校）のICT環境も功を奏し，思い描いた学習

をスムーズに展開することができたのです。今思えば，それは同時に「授業以外での効果的活用」を実現するきっかけとなりました。

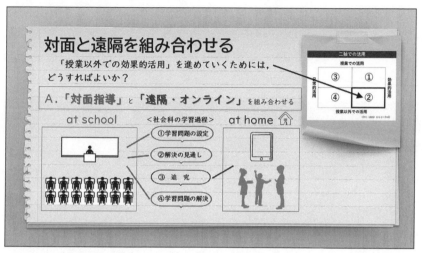

図2　対面指導と遠隔・オンライン教育との組み合わせによる新しい教育様式

● 5年生　「自然条件と人々のくらし」の実践

分散登校時における「自然条件と人々のくらし」の実践です。

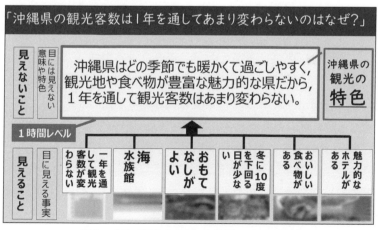

図3　本時で捉えさせたい1時間レベルの意味

沖縄県を事例地として，迎えた３時間目の詳細です。本時は，「沖縄県の観光客数は１年を通してあまり変わらないのはなぜか」という学習問題を追究することを通して，「沖縄県はどの季節でも暖かくて過ごしやすく，観光地や食べ物が豊富な魅力的な県だから，１年を通して観光客数はあまり変わらない」という沖縄県の観光の特色を捉えることができるように授業を進めました。

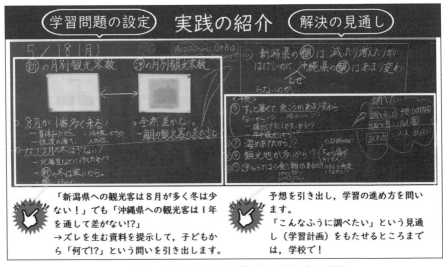

図４　「学習問題の設定」と「解決の見通し」の場面

　まずは学習問題の設定と解決の見通しをもたせる場面（図４）です。子どもたちの住む「新潟県の月別観光客数」と「沖縄県の月別観光客数」を示したグラフを見た子どもは，グラフの変化の違いに着目して次のように発言をしました。「新潟県にくる観光客は８月が多く，冬は少ない」「沖縄県への観光客は１年を通して差がない」，すると子どもたちになぜだろうという問題意識が芽生え始めます。そのような問いをつなぎ合わせてできた学習問題が「新潟県の観光客数は減ったり増えたりが激しいのに，なぜ沖縄県の観光客数はあまり変わらないのか」です。

　次の予想では，多様な考えが出されました。出尽くしたところで「この後

どのように学習を進めていきたいか」と，学習の見通しを問う発問をします。予想が合っているかどうか確かめたいと思っている子どもたちは，「調べること（予想①②③④）」「調べ方（教科書とインターネット検索）」「まとめ方（紙のノート，ロイロノート）」を思い描き，残りの時間を使って調べ始めます。

---

①ずっと暑くて，気候があまり変わらないから

②海がめあてだから

③観光地が多いから

④沖縄県ならではの食べ物があるから

予想①②③④

　この場面はあえて，学校で行いました。その理由は，動機付けや学習の見通しをもたせる活動は教師と子どもの関わり合いの中で，すなわち学校で行うべきだと考えるからです。特に，社会科にとって学習問題を設定する場面は，この後の学習活動の流れを大きく左右する大事な場面です。

　学習問題を子どもの声でつくりあげようとする時，オンライン（画面越し）ではかなり難しいと考えます。「え？」「どうして？」などの価値あるつぶやきや，「うーん……」「ほんとに⁉」などと子どもが悩んだり驚いたりする表情を瞬時に教師が見取ることができないからです。子どものわずかな思考の揺れや，疑問の芽生えを意図的につかまえるためには，やはり Face to face の対面形式でないとできないと考えます。また，授業後の展開から逆算すると，子どもはこの後それぞれの家庭において調査活動を行います。そのためには，1人だけで調べることができるように，「調べたい」という意欲をより一層醸成しておくことも大切です。

　授業以外での効果的な端末活用を見据えた時，問題意識を醸成するこの場面こそが実は重要であると気づくことができます。

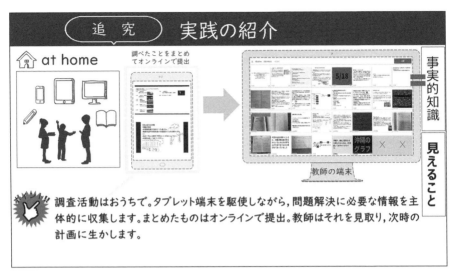

図5　調査活動を子どもと家庭に委ねる時のポイントは「問題意識の醸成」

　1人1台端末をもち帰った子どもたちは，それぞれのタイミングで調査の続きを始めます（図5）。この時，学校で少しだけでも調べ始めておくことがさりげないポイントです。調査を0から始めようとすると誰しもが億劫になりますが，学校の続きから始めればよいとなれば取り組みに向かう腰は少し軽くなります。

　教師は，オンライン上で提出される調査結果を次時の準備段階の時点で確認します。意図した事実的知識を捉えることができているか，子どもたちの調査結果をつなぎ合わせれば捉えてほしい概念的知識にたどり着けるか，そのための指名計画をどうすればよいか，それともグループ対話を設定すべきか……。

　山場となる問題解決場面を具体的にイメージしながら，子どもの調査結果に目を通すようにします。

そして迎えた問題解決の場面では，調べてわかったことを共有させた後，学習問題に対する結論を問います（図6）。この部分が社会科において最も難しい場面ですが，1人ひとりの発言をつなげたり，ペアトークも差し込んだりしながら解決に向かわせます。

　複数の考えや多様な表現があることを知り，かつ関連付けたり総合したりしながら結論にたどり着くためには，子どもと子ども，教師と子どもの対話が不可欠です。だからこそ，このような協働場面は，オンラインではなく学校で実現してあげたいものです。

　本時では，家で調べてわかったことを基に，「沖縄県はどの季節でも暖かくて過ごしやすく，観光地や食べ物が豊富な魅力的な県だから，1年を通して観光客数はあまり変わらない」という沖縄県の観光の特色を捉えることができました。

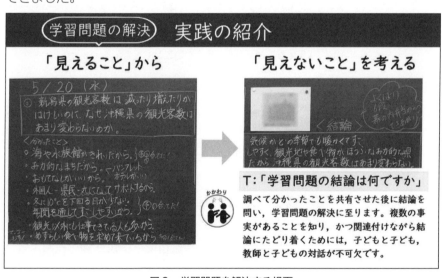

図6　学習問題を解決する場面

● 分散登校時でも「社会科の本質」を外さない

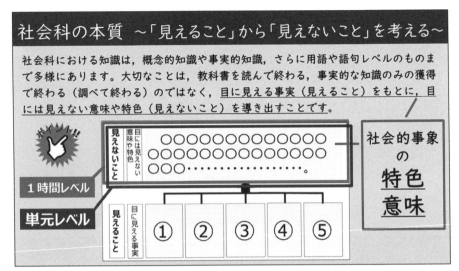

図7　「見えること」から「見えないこと」を考える

　以上，授業以外の場面（ここでは分散登校時における家庭学習）における端末の効果的な活用について紹介しました。端末を家庭にもち帰り，社会科の学習の続きに取り組ませることを通して，コロナ禍においても図7に示すような社会科の本質に迫ることができたと考えます。そして，このような対面指導と遠隔・オンライン学習を組み合わせたハイブリッドな学習を繰り返すことによって次のようなことが明らかになりました。

○1人1台端末を活用すれば，個人でも実施可能な調査活動を授業以外の場において行うことができる。

○一方で，学習問題設定の場面における追究意欲の醸成や，協働的な学習を通して結論を考えるなどの教師対子ども，子ども対子どもの関わり合いが必要な学習活動は，学校で行うとよい。

● 子どもたちの頑張りを価値付ける

　子どもに委ねた調査活動が軌道に乗ると，このサイクルを回せる回数がどんどん増えてきます。ただ，この時に気をつけないといけないのは，子どもの学習状況を把握したり，調査結果に表れる子ども１人ひとりの頑張りを褒めてあげたりすることです。デジタルで成果物が提出されると，私たちは返却をついつい忘れてしまいがちになります。ノートで提出されれば，ある程度の評価をして返却する習慣がありますが，デジタルでの返却には慣れていない部分があります。それを繰り返してしまうと，子どもたちの調査活動へのモチベーションが下がり始め，調査をしない，調査をしてもコピー＆ペーストを繰り返すような中身の薄い結果が提出されるようになります。

　そうならないためも，機会を見て子どもたちの調査結果に表れる頑張りを褒め，価値付けることをおすすめします。今回の実践であれば，提出された１人ひとりのロイロのカードを見て，学習問題や予想，学習計画に沿って必要な情報を積極的に集めようとしたかといった「主体的に学習に取り組む態度」を見取ることができます（図８）。

　他にも，「統計資料や画像，年表などの諸資料から情報を収集しているか（情報を収集する技能）」「事実を正確に読み取っているか（情報を読み取る技能）」「情報を編集したり，分類・整理したりしてまとめているか（情報をまとめる技能）」などの技能的な観点から子どもの頑張りを見取り，１人ひとりに返していくことも可能です。

　このような見取りと価値付けを定期的に行っていくことも，「授業以外の効果的活用」を進めて行く上で大切なポイントです。

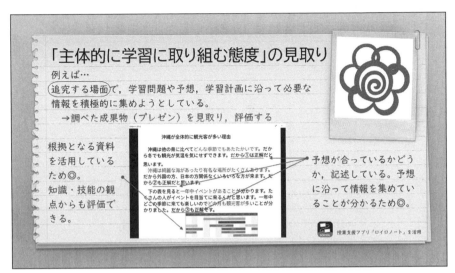

図8　発揮された資質・能力を見取る

3　シームレスな社会科の学びへ

　このような対面指導と遠隔・オンライン教育との組み合わせによるハイブリッドな学習を繰り返す先には，シームレスな社会科の学びが待っていると考えます。社会科を通して，学校と家庭の学びが連続的につながっていくイメージです。

　ハイブリッドな学習を経験した子どもたちは，次のようにそのよさを言葉にしています。

【ハイブリッドな学習を経験した子どもの声】
○家で調べ学習の続きをすると，自分のペースで進めることができるので焦らずに調べることができていいです。
○困った時は，お母さんやお父さんに聞きながら調べています。教科書に載っていないことを教えてくれる時もあるので，なるほどなと思い

ます。

○ロイロノートの提出箱を見る時，友達はどんなことを調べたんだろう
　と，次の社会の時間が楽しみになります。

　1人1台端末がなかった時は，学校内ですべてを学び終えるように日々授業マネジメントをする必要がありました。しかし，授業以外でも端末を効果的に活用しよう，対面とオンラインを組み合わせてみよう，という柔軟な発想をもつことができれば，学校で学びのすべてを完結させなければいけなかった状況にゆとりが生まれます。

　そのゆとりは，先述した子どもの声の通り，自分のペースで調査ができたり，家族と関わりながら社会科の有意味な学習の続きをしたりすることにつながったりしていきます。さらに，私たち教師にとっての意味も大きく，例えば，学校でこそ力をかけたい協働的な学びや，社会科の本質に迫るための「社会的事象の意味などを捉える場面」や「社会への関わり方を選択・判断する場面」に力点を置けるようになります。

　もちろん，家庭の状況によってこのようなハイブリッドな学習を実現することが難しい場合もあります。しかし，このようにして「学校でも家庭でも，社会科の学習を切れ目なく進めることができる」ことは，1人1台端末時代の醍醐味であり，授業以外での効果的な活用のポイントでもあります。

（椎井　慎太郎）

【参考資料】
・澤井陽介『澤井陽介の社会科の授業デザイン』東洋館出版社，2015年
・村田辰明 編著／社会科授業 UD 研究会 著『実践！社会科授業のユニバーサルデザイン』東洋館出版社，2019年
・庄子寛之 編著『with コロナ時代の授業のあり方』明治図書，2020年
・チエル株式会社『CHIeru Magazine 2020 Autumn/Winter』2020年

5 授業以外での効果的な活用法②

―教科書活用と端末活用―

時間と空間の壁を取り払う

『テキストブック　授業のユニバーサルデザイン　社会』の中で，子どもの教科書活用場面を次のように分類しています。

子どもによる教科書の活用場面

A	教師の指示あり	授業中	教科書記述を読み取ったり資料を確認したりすることが中心になると考えられる。
B		授業外	課外で追究する場合、手引き書として教師が促すことが考えられる。
C	教師の指示なし	授業中	自分の考えを立証したり説明したり、学習のまとめをするときなどの活用が考えられる。
D		授業外	自分がもっている問題を追究したり、考えの参考にしたりするときが考えられる。3年生であれば地域、4年生では県外、5年生では国内に出かけるときに活用できる。6年生は史跡等を訪れるときに活用できる。

子どもの教科書活用としてはA→B→C→Dにいくほど主体的なものとなり，子どもが教科書を活用する姿としては望むべき姿です。教科書内に記載されている情報や学習問題，活動例を参考にしながら自分自身の問題解決に向けて活用する姿だといえます。

これを端末に置き換えてみると、「授業外での活用」のＤゾーンが、ここでの効果的活用にあたるのではないかと考えます。

　例えば、授業内で生じた問いを子どもたちがもち帰り、その問いを解決するために使用している姿です。

　正によりよい問題解決者の姿ではないでしょうか。自ら探究を進めている姿ともいえます。

　具体的に、

　・旅行でいった先の動画を端末で撮る

　・町で見かけて気になったものを撮る

　・出かけていて気になったことをその場で調べる

　・博物館の方にインタビューして録画する

　・調べたことをロイロでまとめる

　・キーノートでレポートを制作する

　・Google Earth で調べる

などが考えられます。

　今まで、教科書や地図帳、カメラなどで行っていたことを端末１つで行うことができます。

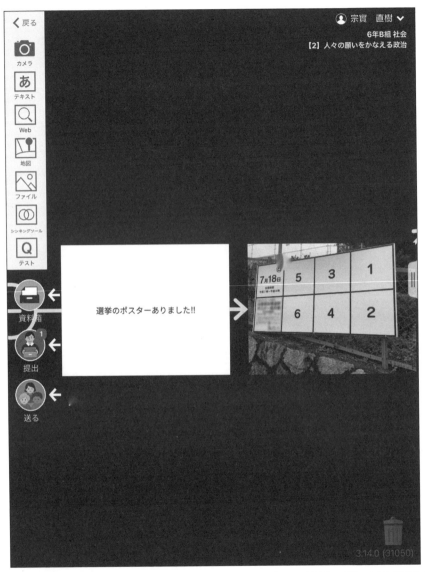

　上の写真のように，政治の学習を行っている時に，地域で見つけた選挙ポスターの掲示板をロイロで送ってきた子がいます。

　今行っている学習と結びつけて関心を高めています。

　歴史に関係する展覧会の様子を学級のみんなに紹介してくれる子もいました。ずっと興味をもっていたものを，実際に見に行くということで学びを深めています。

　上の写真は，家で戦国武将の兜をつくっている様子を送ってきています。ものをつくるということで学習を発展的に捉えています。

　授業で扱った問いに対して，YouTube を見ながら調べる子もいました。それだけでなく，その他のサイトなどからも調べ，比較検証していました。

　日常においても，効果的に活用できることを子どもたちが知れば，その可能性は無限大に広がります。

　時間と空間の壁を取り払うことで，様々な学びのカタチを創造することができそうです。

（宗實　直樹）

【参考資料】
・村田辰明 編著／宗實直樹・佐藤正寿 著『テキストブック　授業のユニバーサルデザイン社会』授業 UD 学会，2021年

6 授業での日常的活用法①

―デジタルコンテンツを有効活用しよう―

1 取り組みやすいことから始める

　日常的な活用を進める時，まずは私たち教師にとって「取り組みやすい」ことが大切です。準備が大変で，社会科の時間がくるたびに手間がかかるようでは，日常的に使っていこうという意欲が湧きません。同時に，社会科の時間ですから社会の学びにつながる内容やネタを使った活動を設定したいものです。

　この時，おすすめしたいのが地図帳会社が提供する「デジタルコンテンツ」です。社会科の学習を支援してくれる手軽で便利なコンテンツが提供されています。その中から，日常的な活用に向けたヒントになる実践を２つ紹介します。

● おすすめ１：デジタル都道府県すごろく

【用意するもの】
　都道府県すごろくのマップデータ（PDF），サイコロ（ペアまたはグループで使える数を用意）

【指導ステップ】
① 都道府県すごろくのマップデータ（PDF）を端末に配信する

　ロイロの「送る」機能を使って，教師の端末から子どもの端末に都道府県すごろくのマップデータを配信します（写真１）。受け取った後，子どもはその画像カードを開きます。次に準備をするものは「こま」です。ただ端末の上にこまを置くとマップが見づらいなどのわずらわしさにつながるので，デジタルのカードに置き換えます。ロイロにあるカード機能を使って，人数

分のカードをつくり，色や名前を変えることによってこまの代わりとします。

　こうすることによって，マップを印刷・配布する，こまを用意させるなどの教師の手間が省けるだけでなく，子どもがマップをなくす，汚すなどの心配もなくなります。

写真1　都道府県すごろく（帝国書院）

② 遊びを通して都道府県の習熟をはかる

　記載されているルールを説明したら，都道府県すごろくのスタートです。各都道府県の有名なものや名物のイラストを楽しみながら，日本縦断を目指すすごろくになっているため，子どもはサイコロを振り，端末上のこまを進めていくだけで都道府県の習熟を図っていきます（写真2）。

写真2　各都道府県の名物に着目する子ども

③ 短時間で繰り返す

　私のクラスでは，都道府県すごろくは3分間限定というルールを設定しています。短時間にすることで，端末に触れることが日常的になります。3分たって途中で終わったとしても，こま（カード）の位置はそのまま保存されているため，次の社会科の時間になればその続きからすぐに再開できます。

　このサイクルを繰り返していくと，授業開始前の休み時間から遊び始める子どもたちが出てきます（写真3）。

写真3　授業開始前から遊び始める子どもたち

　このような姿がクラスのあちこちで見え始めればしめたものです。なぜなら，端末の日常的な活用が社会科を通して実現できるからです。教師の指示を待たず，子どもが授業開始前から自発的に端末に触れている姿は，端末導入初期や端末にまだ慣れ親しめていない時期において，価値ある姿です。同時に，遊びを通して都道府県の習熟が図れるため，社会科の知識・技能の習得という意味でも大きな価値があります。

　授業における日常的な活用を進める時は，「取り組みやすさ」「楽しめるコンテンツ」「短時間」「遊びを通して資質・能力を育むことにつながる」ことが，大切なキーワードになりそうです。

● おすすめ２：デジタル世界一周すごろく　─変化を加える─

　楽しくて手軽な都道府県すごろくですが，１か月以上続けていくと子どもたちが飽きてくることも事実です。飽き始めてきたなと感じたら，次の一手を打ちます。

　高学年であれば，「世界一周すごろく」にレベルアップすることをおすすめします。「日本一周の後は世界一周に挑戦しよう」と働きかけることで，子どもたちの意欲は一層高まります。

　各国の国旗や有名なものを確認しながら，世界一周を目指すすごろくになっています。世界にはどのような国があるのかや，その位置，国旗，有名なものなどを楽しく捉えることができます。

　この時，子どもたちが盛り上がるポイントがあります。インド，中国，アメリカ，ロシアに止まると出題される「世界遺産クイズ」です。正解すると書いてある国まで一気に進めることができるので，子どものテンションが上がります。

　このように，ちょっとした変化を加えることによって，さらなる興味・関心を高めて日常的な活用を継続的に進めていくことが大切です。なお，このようなコンテンツ資料を子どもの端末に送信する際は，以下の点に留意してください。

　2018年の法改正で，ICT を活用した教育での著作物利用の円滑化を図るため，これまで認められていた遠隔合同授業以外での公衆送信についても補償金を支払うことで無許諾で行うことが可能となりました。

　具体的には，学校等の教育機関の授業で，予習・復習用に教員が他人の著作物を用いて作成した教材を生徒の端末に送信したり，サーバにアップロードしたりすることなど，ICT の活用により授業の過程で利用するために必要な公衆送信について，個別に著作権者等の許諾を得ることなく行うことができるようになります。ただ，著作権者等の正当な利益

の保護とのバランスを図る観点から，利用にあたっては制度を利用する教育機関の設置者が，補償金を支払うことが必要となっています。

（引用：一般社団法人　授業目的公衆送信補償金等管理協会 SARTRAS
「授業目的公衆送信補償金制度とは」https://sartras.or.jp/seido/）

2 バリエーションを増やす

　私たち教師にとっては「ラクで便利」，子どもたちにとっては「楽しい・またやりたい」で，授業時の端末の日常的な活用が加速していきます。そのためには当然のことながら，教師側がたくさんの「引き出し」をもっておくことが重要です。

　端末に触れながら，導入の3～10分程度でできるネタをいくつか紹介します。ただ，これ以外にもたくさんのデジタルコンテンツがあることはもちろん，この瞬間にも新しいコンテンツが開発・提供されています。アンテナを高くはりながら，子どもたちがいつの間にか端末に触れているようなシステムをつくっていきましょう。

● デジタル地図クイズ

　パズルクイズ（写真4），スリーヒントクイズ（写真5），統計クイズ，地図記号クイズの4種類のクイズがあり，端末画面をタップしながら都道府県の位置・名称や地図記号を楽しみながら覚えられるようになっています。授業はもちろん，帰宅後に取り組むことも可能です。

写真4　パズルクイズ

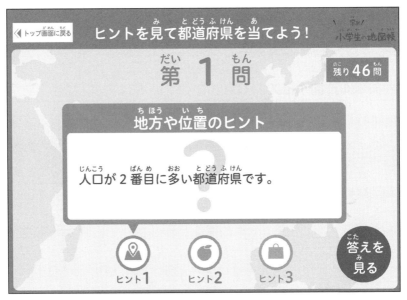

写真5　スリーヒントクイズ

● 地図記号を覚えよう

　身近な地域の地図でよく使われる地図記号を，成り立ちと写真とともに紹介しながら出題しているワークシートです（写真６）。紙ベースで配布して取り組ませることもできますが，デジタルでその都度配信すれば，準備の手間が省けます。

　３年生はもちろん，４，５，６年生の復習にも活用できるデジタルワークシートです。

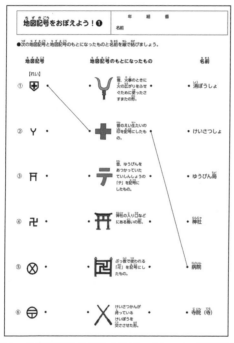

写真６　地図記号をおぼえようワークシート（帝国書院）

（椎井　慎太郎）

【参考資料】
・帝国書院 HP　https://www.teikokushoin.co.jp

7 授業での日常的活用法②

―日々のあれこれ―

> ## 端末の「文房具化」を当たり前にする

　私が見て感じたことだけでなく，子どもたちにも「日常的に授業の中でどんな風に活用していますか？」と訊いてみました。

　それらを踏まえて，以下に活用している事例をあげていきます。

● インターネット検索

　毎日の授業の中で，調べたいと思ったことがあれば調べるようにします。今まで使用していた辞書や教科書，資料集や地図帳から調べることの代替ともいえます。

　例えば，

・難しい用語を調べる時

・自分の考えを整理するための知識を得る時

・自分の考えの理由づけをする時

などが考えられます。

　ただ，すべてをインターネットですませてしまおうとせず，辞書や教科書，資料集や地図帳の優位性なども確認していく必要があります。

　端末で調べる時に，何となく調べているような状態や，調べたいことにすぐにあたらないことも考えられます。発達段階に応じて，調べる該当 URL を指定して調べさせる場合や，ねらいによって調べる範囲を指定しておくなど，使用する機会を増やし，折に触れてどうあるべきかを子どもと共に考えていくことが重要です。子どもが端末を使って調べることに慣れてくれば，教師による働きかけがなくても自主的に調べるようになります。

● 端末画面で見る

例えば次の写真の子は，ノートにまとめたものとロイロの振り返りを見比べています。端末とノートの併用です。

みんなの意見をロイロ上で共有し，比較しながら見て考えています。
人の解釈を見て考えています。

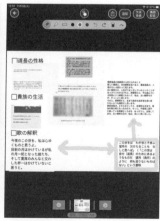

送られてきた資料を見て考えています。

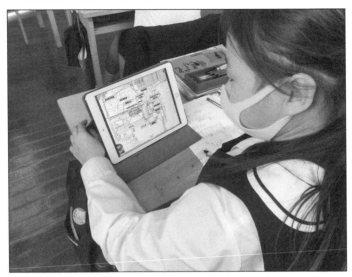

● 端末に書き込む

資料に書き込みながら考えています。

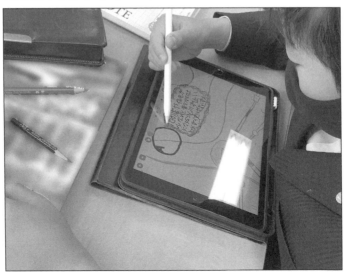

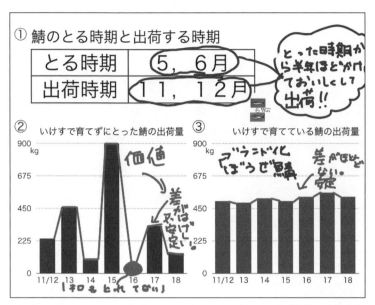

「ノートよりもマーカーが引きやすくていい」という機能面での有用性を感じている子もいます。

● 説明や話し合いをする

ピンポイントで示しやすく，端末を介して交流もしやすいようです。

● 意見の理由づけ

　子どもたちが自分の考えを発言する時，その根拠を示して発言することが重要です。自分の考えの理由づけとして端末は大いに活用することができます。

　子どもたちは自分の考えの理由づけをする時に端末の情報を整理する技能，記述内容を読み取る技能，資料を必要に応じて選択する技能などが必要となります。これらの学習技能は日々の活動を通じてコツコツと積み上げていくものです。

● アプリの使用

　Keynote や Pages など，様々なアプリを必要に応じて使用します。何をする時にどのようなアプリが適しているのかを自身で選択できるようにすることが大切です。そのためには，様々な機会で「まずは使ってみること」が重要です。

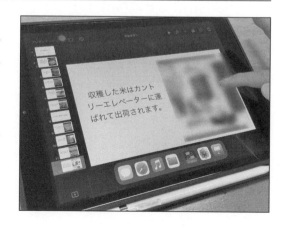

● 社会科テストを取り込んで分析

社会のテストやワークシートなどをロイロにストックしていきます。自分が間違えたところの分析や，テスト問題からさらに発展的に考えたところが，貴重な資料として残ります。

● QR コードを読み込む

最近の資料集などには QR コードがついているものが多くなってきています。その中には，有益な情報がたくさんあります。読み込み方を覚えると，どんどん QR コードを活用するようになります。

● 板書を撮る

必要に応じて板書を撮るようにしています。特に，話し合いが中心の授業の時は「今日はノートに書かないで，話し合うことに集中してください。板書は後で撮って大丈夫ですからね」と声をかけることもあります。

私は，毎日の板書を端末で撮影し，子どもたちにロイロで送るようにしています。

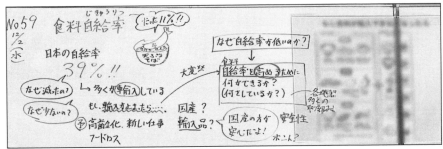

右の写真の子は，送られてきた板書を見て，前の授業を振り返ったり自分の考えを整理したりしています。

　板書だけでなく，子どものノートやロイロのカードも参考のために子どもたちに送るようにしています。

　板書やノートを撮影する時におすすめするアプリが「CamScanner」というフォトスキャンアプリです。ドキュメントを高速スキャン，鮮明な画像や PDF に変換できます。端末がスキャナになります。

　例えば，子どもたちのノートも次のように鮮明に写すことができ，それをロイロで送ることで共有することができます。

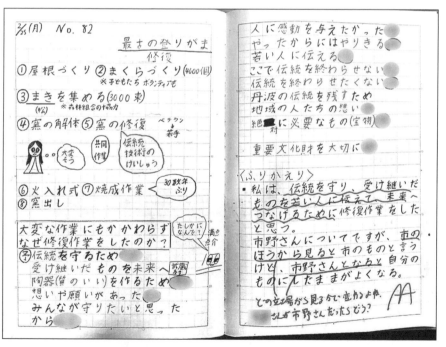

● 資料箱から資料を取り出す

　p.40でも述べましたが，ロイロには，次のような「資料箱」があります。そこに教師が様々な資料を入れておくことで，子どもたちは必要に応じて資料を取り出せるようになります。単元ごとに整理して資料箱をつくっておくことがポイントです。子どもたちに「単元」を意識させることが重要です。

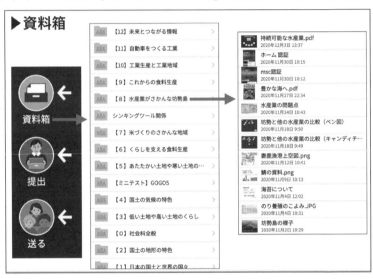

● 資料を拡大して見る

　取り込んだ資料などを簡単に拡大することができます。手元で見られるので，子どもたちは詳細に資料を見て調べることができます。

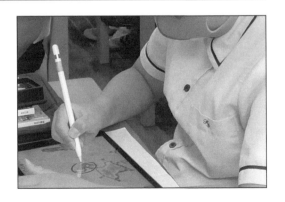

以上，紹介してきたことは「当たり前のこと」かもしれません。しかし，子どもたちにとって，使わなければ「当たり前」になりません。

　端末導入初期の頃は，日々の授業の中で端末の様々な機能を試していくことが重要です。子どもも試し，教師も試す。その中で使える機能があればどんどん紹介していく。そしてそれをみんなでおもしろがる。このようなことをくり返し，活用が当たり前になります。当たり前がどんどん広がっていきます。

　また，子どもたちにとって日常的に活用しやすいものはそれぞれです。その子にとって何が有効で，日常的に使えるのかをその子が決められるようにすることも重要です。「手軽に」「簡単に」「そこにあるのが当たり前」，正に文房具化しているかどうかがポイントです。

（宗實　直樹）

8 授業以外での日常的活用法①

―1人1台端末を宿題で使ってみよう―

1 ハイブリッド学習の仕組みを普段の宿題にいかす

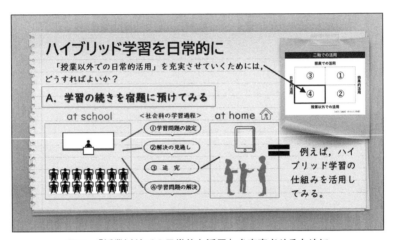

図1 「授業以外での日常的な活用」を充実させるために

　授業以外での日常的な活用に向けて，p.81〜で紹介した対面と遠隔を組み合わせたハイブリッド学習の仕組みを，普段の社会科授業にも応用してみます。

　例えば，1人1台端末のもち帰りが可能な場合は，「学習の続きを宿題に預ける」ことができます。実践初期の段階は，子どもへの丁寧な指導（調べ方やまとめ方，提出の仕方など）や保護者への趣旨説明などが必要になると思いますが，軌道に乗れば社会科の学びがより充実するようになります。

　先述の例は，臨時休校や分散登校時における活用例でしたが，ここでは，

> 1人1台端末を宿題で活用すること

について，授業支援ソフトやアプリケーションを使った実践を紹介していきます。

1つはロイロを活用した取り組み，もう1つは Google Workspace for Education の「スライド」を活用した取り組みです。

● 気軽に，便利に！　宿題×ロイロ

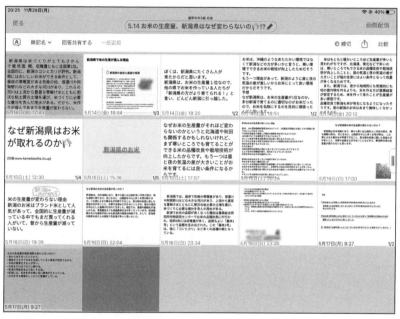

写真1　ロイロの提出画面

写真1は，ある日の宿題の提出状況を表した画面です。「なぜ，新潟県のお米の生産量はあまり変わらないのか」という課題に対して，自分なりに調べてわかったことを，子どもは提出しています。

1人1台端末を宿題で活用する時，まずはこの提出機能を使った取り組みからスタートすることをおすすめします。理由の1つは，私たち教師側が簡単な操作をするだけで気軽に取り組むことができるからです。ロイロを起動して所定の提出箱を開くだけで1人ひとりの取り組み状況を瞬時に把握でき

るため，ノートの確認や提出の催促をする手間が省けます。働き方の改善から見ても，このことはとても大きな意味をもちます。

　もう１つは，次の時間の社会科の授業準備や授業計画を立てることが可能になるからです。私は，この提出画面を子どもが登校する前に目を通すようにしています。そうすることによって，

○誰が，どんな情報を捉えているのか
○本時のねらいを達成するためには誰の調査結果から取りあげるとよいか
○指名計画をどうするか
○調査状況がよくない時は再調査をする時間が必要になりそうか
○それとも教師から資料を提示する必要があるか

など，その他にも様々なことをこの提出画面と１人ひとりの調査結果から思い描くことができます。つまり，教師の事前準備にも絶大な効果を発揮するわけです。

　図１で示した基本の型にあるように，授業の続きを家で取り組ませるパターン，例えば追究活動を宿題に預けてその調査結果を提出してもらうやり方は，汎用性と継続性のある方法です。授業以外の場面で日常的な活用を進めていく上で，おおいに生かせる方法だと考えています。

　他にもトピック的な課題を宿題として与えて取り組んでもらうパターンや，振り返りや社会科新聞などの成果物を家でじっくりと取り組ませるパターン（写真２３４）などもあり，そのバリエーションは多岐にわたります。

写真２　田植えの体験活動

※体験活動などはその時間に振り返りを記述する時間が取れないため，宿題に預けることができます。

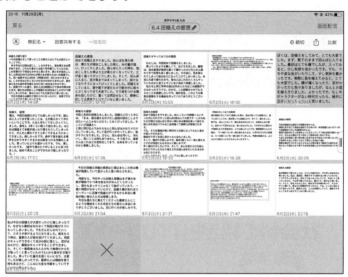

写真3　宿題で田植え体験の振り返りに取り組む

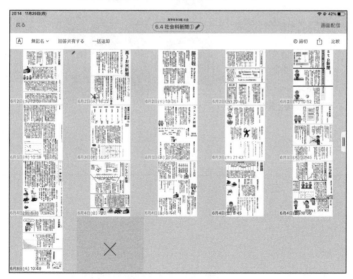

写真4　社会科新聞にじっくり取り組み，完成後に提出する

● 授業以外での活用方法をアップデートする

学校でも端末に触れて，家に帰っても端末に触れる。これだけで普段の2倍，端末に触ることにつながり，操作スキルはもち帰る回数に比例して上達していきます。同時に，授業以外で社会科の学習の続きに取り組むことにつながり，知識・技能の習得を中心に，資質・能力の育成にも直結していきます。

離れていても子どもとつながることができるオンラインのよさを最大限に活用することによって，授業以外での活用方法をアップデートしていくことが大切です。まずは，ロイロなどの授業支援ソフトにある提出機能を活用した，誰でも気軽に取り組める方法から始めてみませんか（図2）。

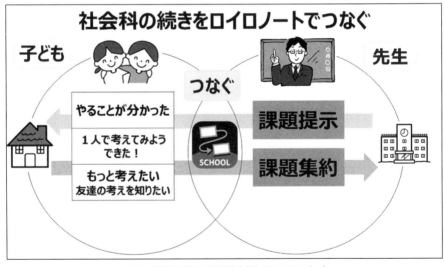

図2　学習の続きを学習支援ソフトでつなぐ

2 宿題× Google Workspace for Education に挑戦！

続いて Google Workspace for Education の「スライド」を活用した宿題の取り組みをご紹介します。

● 共同編集のメリットを生かした「自然災害とともにいきる」の実践①

p.58〜の，個別最適な学びで紹介した「新潟発！ ホンキの減災プロジェクト」の１時間目と２時間目をつなぐ調査活動として「自然災害年表づくり」の課題を設定しました。

１時間目において，東日本大震災の話をきっかけに日本では様々な自然災害が発生していることに気づいた子ども（板書１）は，「日本はこれまでにどんな自然災害を経験してきたのか」について興味を抱き始めました。日常的に聞きなれている「地震」に関心をもつ子どももいれば，近年頻発化・激甚化している「豪雨災害」や「雪害・噴火」などに関心をもつ子どももいます。しかし，授業時間が残りわずかとなっていたため，授業内で調べることができませんでした。

１人１台端末がなかった時は次の時間に持ち越しですが，先述したようにハイブリッド型の展開に慣れ親しんでいる子どもたちは，家庭で調べることができます。

板書１

さらに今回は，Google Workspace for Education の「スライド」を活用した共同編集で調査をするように指示しました。共同編集とは，クラウド上で何十人もの人が同時に編集できる機能です。メリットとしては，

○クラス全員で１つのファイルを同時に閲覧することができる
○いつでも，どこでも，何人でも書き込みができる
○成果物がリアルタイムに可視化されるため，調査に行き詰まった場合でも友達の成果物を参考にできる

などがあげられます。

　日本で発生する自然災害をまとめたくらげチャート（板書１）を眺めながら，どの災害について調べてまとめるかを決めた子どもたちは，下校後，それぞれのタイミングでファイルを開き，年表づくりを始めます。そして，教科書や資料集，インターネット検索など，多様な方法で自然災害の歴史にあたり，１人ひとりに割り当てられたスライドにまとめることができました（写真５６７８）。

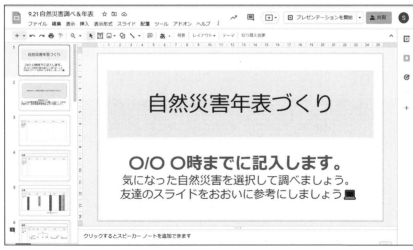

写真５　トップスライド

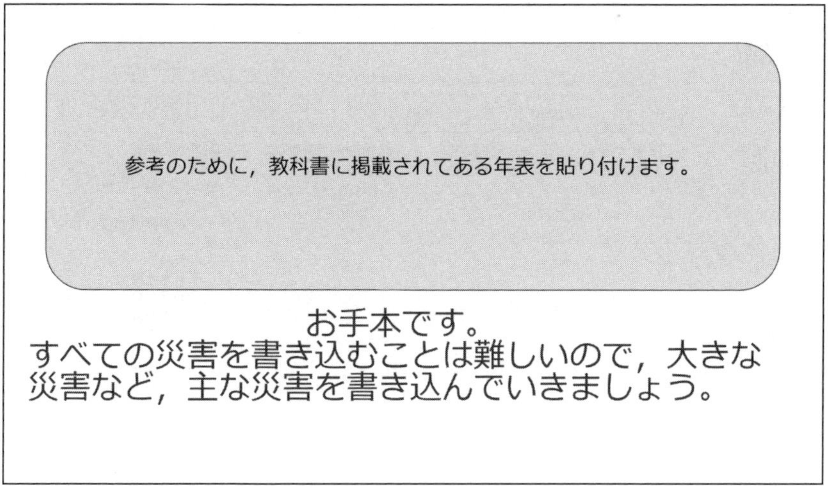

参考のために，教科書に掲載されてある年表を貼り付けます。

お手本です。
すべての災害を書き込むことは難しいので，大きな
災害など，主な災害を書き込んでいきましょう。

写真6　お手本を示す

⇒取り組み初期は，写真５６のようにお手本を示したり，友達の成果物を参
　考にしてもよいことを伝えたりして，１人でも安心して取り組めるように
　配慮します。

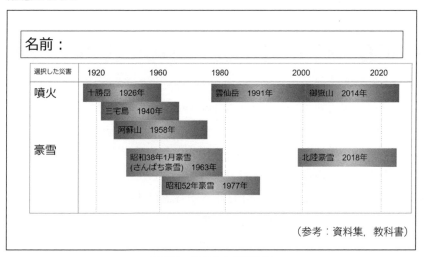

写真7　子どもの成果物①

選択した災害	1920	1960	1980	2000	2020
地震	関東大震災 1923年9/1	チリ地震津波 1960年5/23	北海道南西沖地震 1993年7/12 阪神淡路大震災 1995年1/17	新潟県中越地震 2004年10/23 　新潟県中越沖地震 　2007年7/16 　　岩手宮城内陸 地震 　2008年6/14 　　東日本大震災 　　2011年3/11 　　熊本地震 　　2016年 　　　4/14・16 　　北海道胆振 　　東部地震 　　2018年9/6

(参考：資料集)

写真8　子どもの成果物②

⇒写真78のように，子どもたちは自分の興味・関心に合わせて調査をします。それを事前に見取り，次時の冒頭で紹介したり，価値づけたりします。宿題において「授業以外での日常的な活用」を進めていこうとする場合，このような意欲づけが欠かせません。

● 共同編集のメリットを生かした「自然災害とともにいきる」の実践②

> 3年後，災害対策をしている人が85%になるには，どうすればよいか。

と，問題意識を高めた子どもたちは，自分たちにできることとして「パンフレットをつくって自主的な対策をする人を増やしたい」という解決策を考えました。行政が見つめる課題を自分たちの課題として捉えた子どもは，「このままではいけない」「目標の85%にするためにはどんなことをすればいいのか」と本気で考え，その解決策を導きました。

　そこで，単元の終末と総合的な学習の時間を使って，パンフレットづくりに挑戦しました。この時，共同編集機能に慣れ親しんでいる数名の子どもか

ら，「チームのみんなと宿題でも一緒に取り組みたい」という声が上がりました。他の子どもたちもそのアイデアに賛成します。

　共同編集機能を活用して作業を行わせる場合，グループの複数人が「ファイルの中にある違うスライド」を個々に別々で編集するＡパターンと，「ファイルの中にある同じスライド」を複数人で一緒に編集するＢパターンとがあります。

　先述した「自然災害年表づくり」がＡパターンの共同編集にあたり，この「パンフレットづくり」はＢパターンの共同編集となります。

　共同編集に価値や便利さを感じている子どもたちだからこそ思いつく，素晴らしい発想です。この声を受けてチームごとのスライドページを作成し，宿題として取り組むように指示をしました。

　その日のスライドの具体が次ページの写真9と写真10です。写真9の右側を見ると，コメント機能を使って簡単なやり取りを交わしながら共同で作業を進めていることがわかります。そして宿題を通してできたチームの記事が写真10です。メンバーの記事のよいところをつなぎ合わせながら，「自主防災をすることの大切さ」を伝える記事を作成することができました。

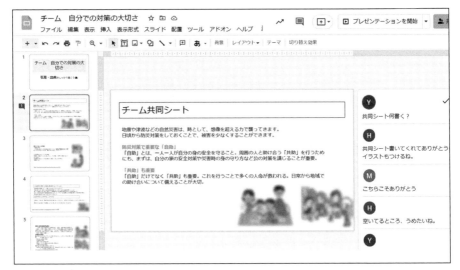

写真9　コメント機能でやり取りをしながら共同編集

チーム共同シート

地震や津波などの自然災害は、時として、想像を超える力で襲ってきます。
日頃から防災対策をしておくことで、被害を少なくすることができます。

防災対策で重要な「自助」
「自助」とは、一人一人が自分の身の安全を守ること。周囲の人と助け合う「共助」を行うため
にも、まずは、自分の家の安全対策や災害時の身の守り方など公の対策を講じることが重要。

「共助」も重要
「自助」だけでなく「共助」も重要。これを行うことで多くの人命が救われる。日常から地域で
の助け合いについて備えることが大切。

写真10　チームの記事が完成

担当する記事のテーマに正対して，複数人で同じスライドページをリアルタイムで編集することによって，宿題の場においても協働的に学びを進めていくことができました。

　少しだけ発展的な手法ですが，このような共同編集機能を使った宿題に取り組ませることも「授業以外での日常的な活用」を進めていく上で非常に効果的です。

（椎井　慎太郎）

【参考資料】
・堀田龍也・赤坂真二・谷和樹・佐藤和紀『「あたらしい学び」のつくり方　デジタルトランスフォーメーション時代の教育技術・学級経営』学芸みらい社，2021年
・庄子寛之・二川佳祐・古矢岳史『いちばんやさしい Google for Education の教本』株式会社インプレス，2021年
・みんなの教育技術「GIGA スクール 1 人 1 台端末を活用した『共同編集』による学びづくり」堀田龍也　監修
　https://kyoiku.sho.jp/special/97224/

9 授業以外での日常的活用法②

―日々のあれこれ―

普段使いで日常を豊かにする

　「授業での日常的活用法」と同様，子どもたちに，「授業以外での日常的活用法（社会科関係）」を訊いてみました。

　「授業を振り返りたい時に，さっと開いてロイロを見ている」

　「データを整理している」

　「授業では扱えない情報やまめ知識などをネットから入手して，結果にたどり着ける問いや知識をロイロに集めている」

　「『単元表』にその日の板書を入れる」

　「有名な人の歴史展などがあったら，そのことについて調べる」

　「日常生活をしている中で授業を振り返って気になったことを詳しく検索する」

　「テレビや身の周りのもので関係ありそうなものはとりあえず iPad で写真に撮っている」

　「歴史グッズをつくる時に，つくり方の動画を見ている」

　「資料集や教科書をもって帰るのは大変なので，必要な所だけでも iPad で写真を撮っている」

　「生活をしている中で社会に関係していそうな物を見つけたらメモをしたりする」

　「紙は机がないとできないけど iPad なので車の中などでも使っている」

　「宿題で使っている」

　写真を撮ったり，動画を見たり，調べたり，書いたり，本当に様々だと感じました。

次のような形で，ロイロを通して教えてくれる子もいます。こうやって手軽にやりとりできることも日常的な活用のよさです。

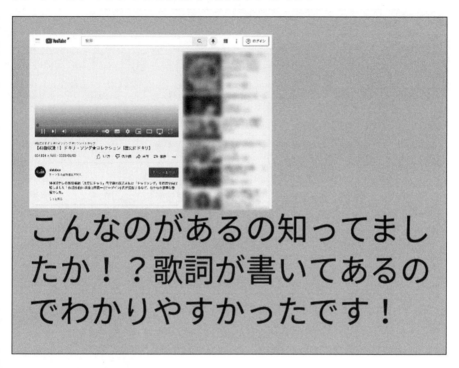

　以下，授業以外に教室等で活用しているものを紹介します。

● 宿題

　今までは紙媒体でワークシートを渡していましたが，今はデータとして子どもたちに渡しています。

　提出時刻は子どもたちと相談して決めます。

　今の所，私の学級では，次の日の朝8：45を提出期限としています。習い事などで夜にする時間がないという子のためにです。

　話し合って決めた提出期限なので，よりそれを守ろうとします。自分たちの要望を組み入れた時，そこにはそれだけの責任も伴うということです。小

さなことですが，「自分たちで決める→自分たちで守る」という経験を，端末を通して小刻みにしていくことが重要です。

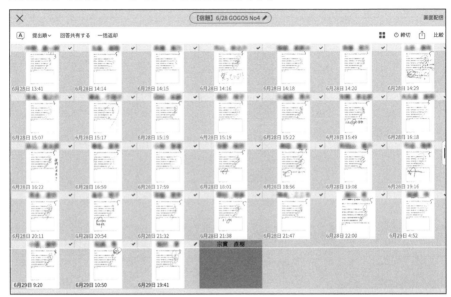

　「ロイロだと，問題のデータをコピーしておいて何度でも使えるので便利です」という子どもの声をよく聞きます。

　教師も提出状況を一覧で見ることができ，添削や評価もしやすくなります。

● 遊び

　例えば，Google Earth や地図アプリを使って，場所の確認をよくしています。下の写真は，古墳の学習をした後に，実際にその数を確認しています。

　自分の家の周りをバーチャル探検して遊んでいる子もいます。自分の家の近くに遺跡があることを説明してくれました。

　Google Earth で教科書に掲載されている場所や，地図帳に記されている歴史に関係する場所などを見つけて喜んでいる子もいました。

● 朝のスピーチ

　スピーチのテーマが時事問題や社会に関係する問題などの時に端末が大活躍しています。スライドショーにしたり，YouTube を流したり，大人顔負けのプレゼンをする子もいます。

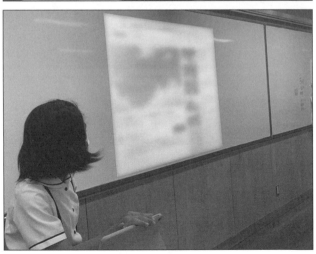

　授業以外での日常的な活用法は，学校で見えているものだけではなく，家庭など，見えていない所での様々な使い方があると思います。子どもたちとの普段の何気ない会話の中から意外な活用法が見つかるかもしれません。

　日常の端末活用が授業での効果的な活用につながるとともに，端末活用によって，子どもたちの日常が豊かなものになっていくことを願うばかりです。

（宗實　直樹）

3章

1人1台端末で
変える！
社会科授業実践
モデル

子どもが未来に向けて選択・判断する授業

5年　Mori Project ～森林とともに生きる～

1 未来社会にフォーカスする

　社会科は，よりよい社会の在り方を考え，そのために「どうすればよいか」と問い続けることを大切にする教科だと考えています。

　そのためには，社会がわかることでとどまるのではなく，社会に見られる課題の解決に関心をもたせ，その解決策を検討したり，社会の在り方を考えさせたりする学習を展開していくことが重要です。そしてその積み重ねが，子どもたちに社会参画の基礎を培い，持続可能な社会づくりの担い手を育てることにつながっていきます。

　このような社会科観のもと，1人1台端末の効果的な活用も意識しながら実践した，5年生「Mori Project ～森林とともに生きる～」についてご紹介します。

2 単元について

　本単元の社会的事象は「森林」です。しかし，様々な恩恵を与えてくれる森林が今，担い手の減少などに伴い危機的な状況を迎えています。このような現状をおさえ，「森林のピンチな状況をなくすために，どうすればよいか」と課題意識をもたせた上で，これからの森林への関わり方を考える学習を行いました。

　この時，重点を置く学習場面が「解決策の検討をする」場面です。社会の課題に対して，よりよい解決策を追究する活動は，未来の社会の在り方を考え，それに対してどう関わっていくかを考えることに直結するからです。具

体的には，自分とは違う解決策を考えている友達との対話を通して，森林を保全するためのよりよい解決策を追究する活動を展開していきます。

　そして，1人1台端末を有効活用しながら，森林の保全に向けて，「森林のピンチな状況をなくすために，どうすればよいか」と本気になって課題解決に迫らせるように単元をデザインしました。

時	学習活動
1	○国土の森林資源の分布や森林と人々の生活との関わりに着目した後，学習問題をつくる。
2・3	○「森からのおくりもの・森を育てる仕事の話」を聞き，森林の働きや森林を守り育てる人々の工夫や努力，生活と森林との関わりを捉える。 ※新潟県新潟地域振興局の方に，学習を支援していただく。
4・5	○森林の危機的な状況を予想した後，「新潟県の林業・森林整備の課題の話」を聞き，森林や林業の課題を捉える。 ※新潟県新潟地域振興局の方に，学習を支援していただく。
6	○森林のおくりものと森林と林業の課題に着目し，森林への関わり方を選択・判断するための共通の課題を設定した後，誰がどんなことをすればよいかを考えたり，実際の取り組みを調べたりする。 ※家庭で調査活動を行い，調べた結果をオンラインで提出する。
7	○SDGs未来都市である北海道下川町の森林を生かした取り組みの話を聞き，市民・町，NPOの取り組みに着目しながら，誰がどんな取り組みをしているかを捉える。 ※北海道下川町の方に，学習を支援していただく。
8	○これまでの調査活動を基に，「誰の」「どんな取り組み」から進めていくとよいかを考え，解決策を絞り込んだ後，共通の課題に対する解決策の優先順位を考える。
9・10	○多様な他者とともに解決策を検討したり，必要に応じて再調査をしたりして，最終的な結論を考える。 ※北海道下川町の皆様に，学習を支援していただく。 ○単元の振り返りを記述する。

単元計画（全10時間）

3 附属新潟小式「ICT活用デザインフォーム」を活用する

附属新潟小式「ICT活用デザインフォーム」

　前任校の新潟大学附属新潟小学校では，「ICT活用デザインフォーム」を
イメージしながら，学習場面ごとにICTを意図的・効果的に活用すること
を全職員で意識していました。

　この「ICT活用デザインフォーム」は，「この場面」「この機能」「よりよ
い学び」という3つのキーワードを図式化したもので，ICTを活用する授業
デザインを構想しやすくするフォームです。

【この場面】ここでICTを活用すると，子どもにとってよりよい問題解
　　　　　　決につながると構想できる場面。

【この機能】授業支援ソフトやアプリケーション。前任校では，端末に
　　　　　　標準搭載されているものに加え，「ロイロノート・スクール」
　　　　　　「Google Workspace for Education」「Qubena（AIド
　　　　　　リル）」なども活用している（2021年12月時点）。

【よりよい学び】価値ある子どもの学びのイメージ。目指す子どもの姿。

このフォームを活用することによって，森林単元における社会科の学びがより豊かになるように授業を構想しました。なお，社会科では，学習問題を「把握する→追究する→解決する」という一連の問題解決の流れを大切にしています。次に示す学習場面を思い描き，かつ，どの場面で活用することが社会科の学びを充実させるかを考えながら，具体的な端末活用を構想することが大切です。

社会科の学習場面	細分化した学習場面
学習問題を 把握する	疑問や目的意識をもつ
	予想を立てる
	学習の進め方を考える
学習問題を 追究する	必要な情報を集める
	収集した情報を読み取る
	読み取った情報を分類・整理する
学習問題を 解決する	追究してわかったことを共有する
	わかったことを基に結論を見出す

社会科の学習場面

4 授業展開モデル

● 長期休みを使って調べる（第6時〜冬休み）

　前半の学習（第1〜5時）で，森林の様々な機能と林業の課題に着目させた後，

> 森林のピンチな状況をなくすために，どうすればよいか。

を共通の課題として，後半の学習を進めていきました。

子どもたちは，「国が，林業従事者のためにロボットを開発すればよい」「私たちが進んで木材を買うとよい」などと，解決策を自由に思い描きました。しかし，実際の社会において「誰が」「どのような取り組み」を行っているかはわからない状態です。

　このような子どもたちに，「冬休みを使って実際行われている取り組みを調べてみよう」と提案し，森林のピンチな状況を改善するための取り組みを調べる場を設定しました。

　「なぜ，追究活動を長期休業期間を使って……」と思われる方も多いと思います。それは，社会的事象に関する様々な情報を収集する場面，いわゆる「調べ学習」の場面において，1人1台端末が大活躍すると思ったからです。

　先述したICT活用デザインフォームに当てはめると次のようになります。

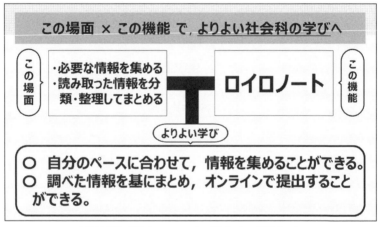

ICT活用デザインフォーム（第6時～長期休み）

　学校で行う対面学習と，遠隔で行うオンライン学習を組み合わせることによって，社会科において大切な「具体的な事実を調べる時間」を十分確保することができます（詳細はp.81～を参照）。さらに長期休業という比較的ゆとりのある時期にそれを設定することによって，自分のペースに合わせてじっくりと調査に向かうことができると考えました（よりよい学び）。

　子どもには，次の2点を伝えて取り組ませるようにしました。

①「検索」機能を使って調べた後，テキストカードにまとめる。この時，
　自分が予想した解決策が実際に行われているかどうかを調べてみる。
②わかったことをテキストカードにまとめたら，「提出」機能を使って
　オンラインで先生に提出する。

　子どもは長期休業期間を使って，ゆとりがある時間帯に自分のペースで調
査を行いました。そして，調べた結果をオンラインで提出することができま
した。成果物に目を通すと，これまでの学習で培ってきた，端末で「調べ，
まとめる技能」を発揮して，シンキングツールにまとめたり，様々な事例を
調べて結論を導いたりする姿が見られました（図1234参照）。

図1　教師が課題を配信

冬休み を使って調査活動②

子供が調査結果を提出

課題を集約してコメントする

〈分かったこと〉
・森林のピンチを無くすために、日本の国が「SDGs」を取り組んでいます。
・SDGsは、15の目標があり、その内の1つに「陸の豊かさも守ろう」という目標が含まれています。今、色んな企業を自分たちにとって求められているのは、森林からの資源を過剰に消費しないようにすることです。そうすることによって、「過剰に消費しない」だから資源を大切に扱うことを示すことができます。
・他にも、使い捨て以外の持続可能な製品を使うことや、森林を大切にする意識を保つことがピンチを救うことに繋がります。
・次は、自分たちができる取り組みを紹介したいと思います。それは、「FSC認証マーク」の付いた商品を購入することです。FSCとは、責任ある森林管理を世界に普及させることを目的に設立された国際的なNPO(非営利団体)です。
・こんな風に、日本の取り組み、自分たちができる取り組みがあります。このような取り組みを進めることで、少しずつ森林のピンチが減って行くと良いですね。
引用：Googleマガジン編集部

〈自分の予想と振り返ってみて〉
・自分の予想には、林業者、私たちが何かをしている予想をしていたけれど、日本(国)という予想はなかったので、良い発想だと思いました。
・実際に調べるとSDGsという大きな結果が出たので、良い情報が「国」という視点から出てきてやはり国って凄いと思いました。

調査結果を提出する

森林のおくりものと森林と林業の課題に着目し，社会への関わり方を選択・判断するための学習問題を設定した後，誰がどんなことをすればよいかを考えたり，実際の取組を調べたりする。

図2 子どもが調査結果を提出

冬休み を使って調査活動③

調査結果例① 多角的に取組を調べ，Tチャートにまとめる

森林のおくりものと森林と林業の課題に着目し，社会への関わり方を選択・判断するための学習問題を設定した後，誰がどんなことをすればよいかを考えたり，実際の取組を調べたりする。

図3 調査結果①

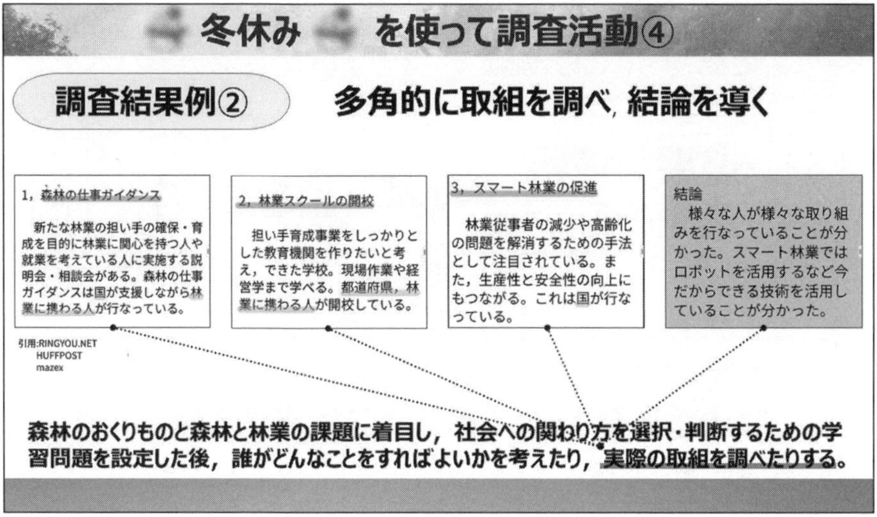

図4 調査結果②

● Zoom で先進地とつながる（第7時）

　冬休みの調査活動を終えた後，各自で調べてわかったことを共有させる時間を設けました。同じ取り組みを調べた子どもは「その取り組みわかる！」と共感したり，知らない取り組みを紹介してもらった子どもは「へ〜，そんな取り組みもあるんだ」と驚いたりしながらメモを取っていました。このように，森林を保全する取り組みを理解した子どもに，次は，先進地の取り組みを知る場を設定しました。

　この時，子どもに紹介したのは北海道にある下川町の取り組みです。「町を支える重要な要素」として森林を位置づけている下川町が，どうやって森林を守り，活用してきたのかを知ることがこの後の課題解決に活きると考えたからです。教室と北海道を Zoom でつなぎ，専門家から下川町の取り組みを話していただきました（写真1）。この場面における活用を ICT 活用デザインフォームに表すと次のようになります（図5）。

この場面 × この機能 で，よりよい社会科の学びへ

この場面 → ・必要な情報を集める ┬ Zoom ← この機能

よりよい学び

○ 遠隔地の取組を知ることができる。
○ 解決策を考えるための新たな情報や気付きが増える。

図5　ICT活用デザインフォーム（第7時）

　この時，子どもたちがまだ知らない「多角的な取り組みを知ること」に重きを置きます。そのため，森から切る木をほぼすべて使い切る「ゼロエミッション」の取り組み（行政の取り組み）や，きつくて危ない作業などの大変さを軽減する「林業の機械化・スマート化」の取り組み（林業従事者の取り組み）など，前段の調査では知り得なかった事実を紹介してもらうようにお願いしました。

　さらに，下川町のサポートの方にZoomを立ち上げてもらい，子ども1人ひとりがそこにアクセスする

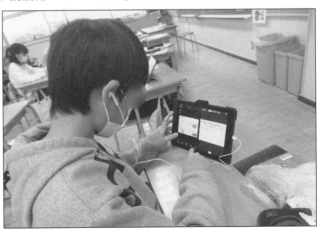

写真1　Zoomで講話を聞く子ども

ようにしました。この
ようにすることで，子
どもがチャットで質問
をあげ，それに専門家
が答えるといった双方
向のやりとりが生まれ
ました（写真2）。「周
りに遠慮なく聞きたい
ことが聞ける」「思っ
た瞬間に打ち込めるか

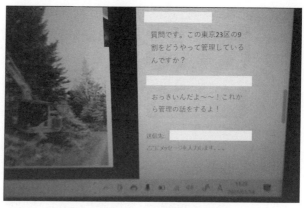

写真2　チャットによる双方向のやりとり

ら質問しやすい」など，子どもはチャットならではのよさを実感していました。

● シンキングツールを使って検討する（第8時）

情報を収集した後，いよいよ課題解決の場面に移ります。この時，これまでに調べてきた多角的な取り組みを，子どもの声に基づいて4つに絞り込みました（図6）。

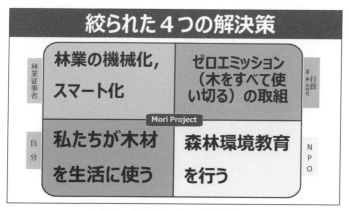

図6　絞られた4つの取り組み

そして，４つの取り組みが示された資料を提示して，「森林のピンチな状況をなくすために，優先すべき取り組みを２つだけ選ぶとしたら，どれを選びますか」と問い，ロイロ上にあるシンキングツール「ピラミッドチャート」に書きましょうと指示しました。

　この場面で描いた ICT 活用デザインフォームは次のとおりです（図７）。「わかったことや考えたことを共有する場面」でシンキングツールを使うことによって，反論などのやりとりを交えたよりよい解決策の検討が進んでいくと考えました。

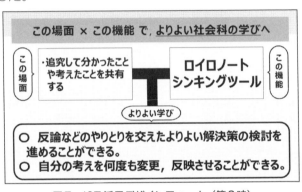

図7　ICT 活用デザインフォーム（第8時）

　次ページの図8は，子どもがロイロ上に記入したピラミッドチャートの具体です。デジタルのシンキングツールのよさは，即時的な「操作性」と「可視化」です。それを理解した上で子どもに促すと，「わかったことや考えたことを共有する場面」が充実します。さらに，画面上でいつでも操作・移動することが可能であるため，優先順位を悩んだり決めたりする過程において，何度も変更することができて即反映させることができます。それを友達に見せることによって，自分の考えを視覚的に理解してもらうことにつながります。また，検討において考えが揺さぶられた際も，すぐにメモを残したり考えを変更したりすることができます。このような即時的な「操作性」と「可視化」を活かした検討場面を設定することによって，子どもの考えを連続的にアップデートしやすくなるのです。

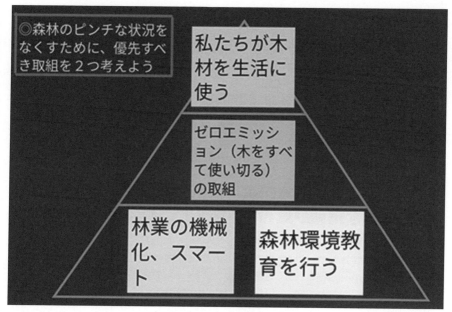

図8　ピラミッドチャート

　続く検討の場面において子どもは，事前につくったピラミッドチャートや
その理由が書かれてあるテキストカードを見せ合いながら，お互いの考えを
理解していきました。さらに「優先順位の１番は『私たちが木材を生活に使
う』がよい。だってその方が，誰にでも身近にできるから」と，反論を交わ
し合うことを通して，よりよい解決策の検討を進めることができました。

● 遠隔相談タイムを使って検討する（第９・10時）

　「森林のピンチな状況をなくすために，どうすればよいか」という課題に
対して，全員がその結論を導くために真剣に考えてきました。しかし，検討
を進めれば進めるほど，解決策を決めきれない状況に陥りました。このよう
な状態を見取った上で，さらなる検討場面を設定しました。

　ここで子どもに提案したのは，前回の学習でお世話になった北海道下川町
の方々に相談する，「遠隔相談タイム」です。

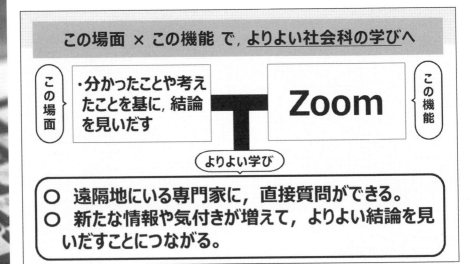

図9　ICT活用デザインフォーム（第9時）

　最終的な結論を見出す場面において，遠隔地にいる専門家に直接質問をすることによって，子どもは新たな気づきを伴った，よりよい解決策を見出すことができるのではないかと考えました。活用する機能は，学校と遠隔地とを一瞬でつないでくれるZoomです（図9）。

　ZoomのIDを伝えると，多くの子どもたちが下川町にアクセスし，希望した専門家との対話を通して自分の解決策をアップデートしていきました。「もう一度ゼロエミッションのよさを教えてください」「私たちが考えた解決策は，森林のピンチな状況をなくすために効果がありますか」などと，前のめりになって質問をぶつけていきます。

　そして解決策を1つに決めきれない子どもは，4つの取り組みの中から複数の取り組みをつなげた解決策に変えました。ある子どもの最終的な結論です。

【解決策】

　林業の機械化・スマート化➡ゼロエミッション➡私たちが買う・使う➡このサイクルを森林環境教育で伝える。

【理由】

　林業を機械化・スマート化することで，負担が減りたくさん取れた木材を私たちの生活で利用する（ゼロエミッションしたものを私たちが買う・使う）。「木を切ったら売らないとその人たちの給料にならないし，売れないと木を切れない」と専門家の方はいっていた。ゼロエミッションが一番身近なものになるので，それを私たちが買って生活に利用すると専門家の方がいっていたことが解消できる。上で紹介したものを実際にやって森林環境教育で伝える。伝えることで林業の今の状況や私たちは何をすればいいかとか，林業に興味をもってくれる人がいるかもしれないから伝える。このことをできるだけ多くの人が知れば，森林はよい方に進んでいくと思った。

　はじめ，「私たちが木材を生活に使う」ことを解決策にしていたこの子どもは，記述にある通り４つの多角的な取り組みをすべてつなげた解決策に決めました。４つの取り組みの順に進めることで，林業従事者の負担軽減➡木材を生活で利用する機会の創出➡個人消費の促進➡利益を林業へ還元することにつながると判断し，さらに，このサイクルを森林環境教育によって多くの人に伝えれば，森林はよい方向に向かうと考えたのです。友達や専門家との対話を通して４つの取り組みを関連付けて再構成した価値ある解決策です。

　このようにして結論を出した子どもに，この後の森林との関わり方を選択・判断させるために，振り返りを記述する場を設定しました。すると次のように関わり方を記述しました。

これから私は，物を買う時に森林に優しい物を買いたい。なぜならこれが，私たちが森林に対してできる最低限のことだから。私たちが木材を生活に利用すれば，林業が動くと思う。私たちが買うと林業で働く人たちの給料が上がると思うし，節約ができる。節約できると森林だけではなく，私たちの生活にもメリットができる。<u>私たちがちょっとしたことを気にかけると林業のピンチがなくなるかもしれない。</u><u>1人，2人，3人でも，林業・森林のピンチな状況を知って森林に優しい物を買ったりすれば森林のピンチはなくせる。私は，その中の1人になりたい。1つでも森林のピンチをなくせるように，私は頑張りたい（気にかけたい）。</u>

　子どもは，先述のように結論を導いた後，下線部のように森林との関わり方を見出しました。森林の危機的な状況が1つでもなくなることを願い，社会の一員として自分ができることを頑張りたいと，森林との関わり方を明確にすることができました。

　これが，解決策の検討を通して，社会への関わり方を見出す子どもの姿です。

5　まとめ

　今後，「社会に見られる課題を把握して，その解決に向けて社会への関わり方を選択・判断する力」を育む社会科の一層の充実が求められるようになってきます。子どもたちが未知なる社会への挑戦者として成長していくためには，社会についての知識とともに，社会の発展について構想する力を育成することが大切です。

　このような「構想する社会科」を実現するために，本実践では次の2点を明確に意識しながら単元をデザインしました。

○「この場面」「この機能」「よりよい学び」という3つのキーワードを
　図式化した「ICT活用デザインフォーム」を活用して，構想する社会
　科の学びが深まるようにした（1人1台端末の効果的な活用）。
○社会科において実社会で働く人々の話を聞く活動の一層の充実が求め
　られていること，そして，「社会に開かれた教育課程」の実現の観点
　から，地域や遠隔地の人的資源を積極的に活用し，専門的な知識をも
　っている方から授業に参加していただいた。

　先行きが不透明で予測困難な社会にいる今，私たち1人ひとりが，答えの
ない問いにどう立ち向かうのかが問われています。このような時だからこそ，
未来の社会を担う国民の1人として，自分たちの社会への関わり方を考える
という社会科の本質に立ち返り，目の前の子どもたちのために何ができるか
を本気で考えていきたいです。

　なお，本実践で紹介した1人1台端末の活用アイデアは数ある活用事例の
一部でしかありません。「社会科ではこうすればよい」「この場面では，この
機能を使うことが正解だ」と，「型」として見るのではなく，皆さんの目の
前にいる子どもの実態や所属する学校のICT環境に応じて，自由にアレン
ジしていただきたいです。

（椎井　慎太郎）

【参考資料】

・的場正美・池野範男・安野功『社会科の新しい使命　「小学社会」のめざすもの』日本文教
　出版，2013年
・澤井陽介『小学校　新学習指導要領　社会の授業づくり』明治図書，2018年
・澤井陽介『〔図解〕授業づくりの設計図』東洋館出版社，2020年
・新潟大学附属新潟小学校初等教育研究会『GIGAスクールに対応した全教科・領域の授業モ
　デル』明治図書，2021年
・新潟大学附属新潟小学校初等教育研究会『ICT×思考ツールでつくる「主体的・対話的で
　深い学び」を促す授業』小学館，2017年
・新潟大学附属新潟小学校初等教育研究会『研究紀要　第78集　変える力を高める授業（1年
　次）』2021年

ICTで，関連付ける思考を見取る

未来発展プロジェクト ～米づくりのさかんな地域～

1 教師の見取り　これまでの限界

　ペアやグループ単位での対話。よく見る日常の学びの様子です。しかし，ここで起こる対話のやりとりや，それをきっかけに促される子どもの気づき，思考の変容を見取ることは，思いの外難しいと思っています。あるグループにのみ焦点を定めれば，それらを見取ることはできます。しかし，同時進行で進む複数グループの対話を把握して次の指導に生かすことは至難の業です。

　先述した5年生「Mori Project ～森林とともに生きる～」の実践では，

> 「林業の機械化・スマート化」→「ゼロエミッション」→「私たちが木を買う・使う」→「このサイクルを森林環境教育で伝える」ことで，（中略）森林はよい方向に進んでいくと思った。

と，対話を通して子ども自身が個々に別々の取り組みを関連付けた姿を紹介しました。森林の保全に向けて，よりよい解決策を検討する場面を25分程度設定したことが有効に働いたと判断できます。

　しかし，取り組み同士の関係性に気づくことができなかった子どもたちがいたことも事実です。自他の考えを検討する時間を十分に確保したにもかかわらず，1つの取り組みに固執しました。この原因は考えの交流を子どもに委ね続け，価値ある子どもの気づきを捉え，全体に広げることができなかった私の指導にあったのだと反省しています。

　逆に解決策の検討を行わせる際は，この場面でこそ教師の指導性を発揮しなければならないのだといえます。対話中であっても，子どもの迷いや関連

付ける思考を捉えることができれば……と，悔しさが残りました。

　このような対話場面における子どもの見取りの限界は，社会科に限らず，すべての学年のすべての教科・領域においていえることだと思います。対話の最中に子どもが「何に気づき始めているのか」「誰がどんなことを考えているのか」など，１人ひとりの気づきや思考の一端を把握するためにはどうすればよいのか，改善策を見出せない日々が続きました。

2 教師の見取りをアップデートしてくれる機能

　そのような悩みを抱いている時に出合った機能が，SKYMENU Cloud のポジショニング機能（以下：ポジショニング機能）です。ポジショニング機能は，子どもの考えの揺れ動きを可視化してくれるツールです。

　教師の視点で見た時，課題に対する子どもの考え（立ち位置＝ポジショニング）が，手元の教師端末でいつでも把握することができます。また，考えの変化に応じて更新されるマーカの再配置も自動記録されるため，思考の変容の過程も常に見ることができる便利な機能です。

　初めて使った時の衝撃は大きく，ポジショニング機能は，思考（とその変容）を瞬時に可視化し，授業者に説得力のある示唆を与えてくれるのだと思いました。そういう意味では，これまで職人技といわれていた教員の勘や経験則に頼っていた部分（思考の状態がわからない状況で，授業をうまく展開していく）を，誰もがしやすくするように補ってくれるツールだと強く感じています。そして，この機能を活用することによって，森林実践の課題を乗り越えようと考えました。

3 ポジショニング機能でよりよい社会科の学びへ

● 実践の概要

　私たちの生活に欠かせない稲作が今，高齢化や担い手の減少などに伴いピンチな状況を迎えています。このような現状を知った子どもは，「農業のピンチな状況を乗り越えるために，何をすればよいか」と課題意識をもち，その改善に動き出しました。よりよい解決策を追究することを通して，これからの稲作の在り方を考えることができるように，次のように単元をデザインしました。

時	学習活動
1	○米の生産量の多い都道府県を調べ，白地図にまとめる。 ○全国と新潟県の米の生産量を示したグラフを比較して，学習問題をつくる。 ※第1時の前に，田起こし・肥料まき体験を行う。
2	○新潟県南魚沼市で米づくりが盛んなわけについて調べる。
3	○米づくりの仕事について調べ，農作業暦にまとめる。
4・5	○南魚沼市の農家の人たちが，よりよい米づくりのためにどのように協力し合っているかを調べ，話し合う。 ※新潟市で稲作をしている農家の方から，学習を支援していただく。
6	○南魚沼市の米が消費者に届けられるまでの様子を調べて，生産地と消費地を結ぶ運輸の働きや，米づくりに関わる費用や価格について考える。
7	○前半の学習問題に対する結論を考える。
8	○農家の抱える問題や現在の農業の課題に着目した後，農業の課題を解決していくための学習問題を設定する。

9 ・ 10 ・ 11	○課題を解決するためには，誰が，どんなことをすればよいかを考え たり，実際の取り組みを調べたりする。 ※新潟市農業政策課の方に，学習を支援していただく。 ※西蒲区の農家レストランの方に，学習を支援していただく。
12 ・ 13	○これまでの調査活動を基に解決策を絞り込んだ後，誰のどの取り組 みから始めるとよいかを考え，交流する。 ○新たな課題について，再度交流する。
14	○前時までの学習を基に，最終的な結論を考える。 ○この後，農業とどのように関わっていきたいかをテーマに，単元の 振り返りを記述する。

単元計画（全14時間）

●「ICT 活用デザインフォーム」を活用する（第12時）

図1　ICT 活用デザインフォーム（第12時）

　先述の ICT 活用デザインフォームを活用して，第12時における効果的な
活用を次のように構想しました。

①この場面

　社会に見られる課題の解決に向けて，「解決策はどうあればよいか」と子ども同士で検討する場面を選択しました（第12時）。

②この機能

　ポジショニング機能。課題に対する子どもの考え（ポジション）や，その変化（思考の揺らぎ）をリアルタイムに可視化することができるため，子ども同士で検討する場面において効果的な手立てを考えられるようになると考えました。

③よりよい学び

　考えの差異を受け入れたり，新たな考えに触れたりすることによって，子どもが最適解や納得解を追究することができると考えました。具体的には，「農業のピンチな状況を乗り越えるために，何をすればよいか」という課題に対して，「『消費者がお米を使った料理を食べる・買う』→『6次産業化の取り組み』の順番で農家にお金が入るしくみをつくる。その後に『スマート農業』に取り組んで，農作業を少しずつ楽にしていく」などと，複数の取り組みを関連付けながら，農業の課題を解決していくための方策を見出す姿です。

4 授業展開モデル（第12時の詳細）

　「農業のピンチな状況を乗り越えるために，何をすればよいか」という課題に対して，子どもは事前に実際の取り組みを調査しています。そのほかにも，専門家からスマート農業の話を聞いたり，新潟市内にある農家レストランに出向き，6次産業化の取り組みについて調査をしたりしました（写真1）。

写真1　6次産業化の取り組みについて講話を聞く子どもたち（第11時）

　子どもは，様々な調査活動を通して，実社会にある課題解決に向けた取り組みを生きた情報として収集しました。そして，調査活動において知り得た複数の取り組みを3〜4個程度にまで絞り込みます（図2参照。絞り込む前に，課題解決に向けて誰のどの取り組みが効果がありそうかと問うており，その結果を反映させています）。

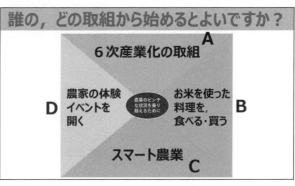

図2　絞り込まれた4つの取り組み

この４つの取り組みを提示した後，誰のどの取り組みから始めるとよいか
と問いました。すると子どもは，農業の課題を解決するためにはどの取り組
みからスタートすればよいかを，悩みながら考え始めます。そして，タブレ
ット端末上のポジショニング機能に初発の考えとその理由を示しました。
（図３参照）。

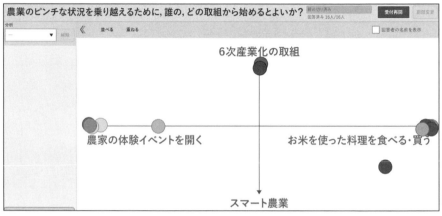

図３　初発のポジショニング

　このような子どもに，考え
に差異ができるように意図的
にグループを編成した後，考
えを交流する場を設定しまし
た（写真２）。

写真２　自分のポジショニングを基に議論する
子どもたち

● 対話を通して初発の考えが揺らぎ始める

　対話の場面を20分設定しました。「Ａ：６次産業化の取り組み」「Ｂ：お米を使った料理を，食べる・買う」「Ｃ：スマート農業」「Ｄ：農家の体験イベントを開く」の４つの取り組みのうち，「誰の，どの取り組みから始めるとよいか」について，子ども同士で議論を交わし合います。すると，相互の関係を考えながら，途中で考えを変えたり迷ったりして初発の考えが揺らぎめていきました。

Ｃ１：農家の体験イベントを開いた方がいいと思う。なぜなら，スマート農業と６次産業化に比べればお金がかからないから。

Ｃ２：確かにスマート農業はお金かかるからなあ。トラクターとかは高額だから。

Ｃ２：じゃあ，ちょっと（ポジションを）動かそう。うーん（写真３）。

Ｃ２：えっと，ちょっと位置変えて，Ｃ１さんと同じところになった。

Ｃ３：私も位置変えて，６次産業化の取り組みとお米を使った料理を食べる・買うの間になった。ほぼ一緒だし，どちらもいいから。

● １人ひとりの考えの変化を見取る

　このような初発の考えが揺らぎ始める対話が，学級のあちこちで進行しています。しかし，ポジショニング機能があれば，考えの「揺らぎ」を見取ることができます。教員機では，全員分の画面を一覧で見られるだけでなく，１人ひとりのマーカの軌跡を確認することができるからで

写真３　マーカを動かす姿

す。これにより，対話が同時進行中であっても，子どもの迷いや関連付ける思考を捉えやすくなりました。

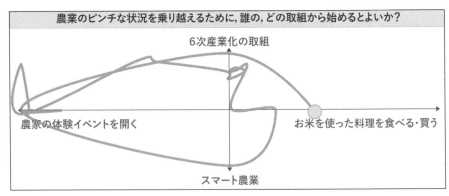

図4　マーカの軌跡から思考を見取る

　本実践は「複数の取り組みを関連付けながら，農業の課題を解決していくための方策を見出す姿」を目指しています。よって，この対話場面において，複数の取り組みを関連付ける姿を見取れるかどうかが鍵を握ります。

　この「関連付ける思考」を見取るためには，マーカが複数の取り組みの間を行きつ戻りつしていることがポイントです（図4）。たとえ関連付ける思考を発揮している対話場面を見取れなくても，ポジショニングの画面からそれを見取ることができる，または発揮したのではないかとターゲットを絞り込むことができるのです。

　本実践では，その対話グループに身を置き，対話の続きを観察したり，時には「ポジショニングがこう変わったのはどうして？」とさりげなく聞いたりすることで，複数の取り組みを関連付ける姿を把握することができました（写真4）。テクノロジーの進化に助けられた瞬間といっても過言ではありません。

写真4　関連付ける思考を見取った後は，対話に耳を傾ける

　これまでは「対話に耳を傾けて思考の発揮を見取る」ことが当たり前でした。しかし，本実践はその逆で「ICTによって思考の発揮を仮に見取り，その実際を知るために対話に耳を傾ける」という見取り方に変えました。結果，ポジショニング機能でこれまでの見取り方をアップデートし，対話中でも「関連付ける思考」の発揮をつかまえにいくことができたのです。冒頭に記した限界を乗り越えた瞬間でした。

● **全員のマーカを重ねて表示し，価値ある考えを全体で共有する**

　複数の取り組みを関連付ける姿を見取った後は，全員のマーカを重ねて表示し，価値ある考えを全体で共有する場面を設定しました（写真5）。

写真5　全員のポジションを見ながら，全体で共有している様子

　取り組みを関連付けている子どもをすでに見取っているため，この場面では意図的・計画的な指名で進めることができました。複数の子どもから出された解決策は次の通りです。

「お米を使った料理を，食べる・買う」→「農家の体験イベントを開く」
→「6次産業化の取り組み」→「スマート農業」

　これは，稲作の発展に関わる個々別々の取り組みの中に順序性や優位性を見出し，農業の課題解決に向けた方策を考えた姿です。そして，この解決策を聞いていた子どもが「流れが大事！」とつぶやきました。

> T：流れが大事ってどういうこと？
> C：お米を食べる・買うから農家のイベント体験を開いて，農家の6次
> 　　産業化を，その後……っていう流れ。

　このようにして，「流れ」で効果が決まることを捉え始めた子どもは2回目の対話場面へと進んで行きました。そして，取り組みの順序性や優位性を視点に，複数の取り組みを関連付けた解決策を多くの子どもが見出すことができました。

　そして，森林実践同様，最後の時間（第14時）には「最終的な結論」と「この後，農業とどのように関わっていきたいか」をテーマに，単元の振り返りを記述する時間を設定しました。

　「未来発展プロジェクト　～米づくりのさかんな地域～」の実践においても，解決策の検討を通して，社会への関わり方を見出す子どもの姿に迫ることができました。

【最終的な結論】
　　農業のピンチな状況を乗り越えるために「農家のイベントを開く＋お米を使った料理を食べる→6次産業化，スマート農業」で，流れを考えてこの4つの取り組みをした方がよいと思います。
　　なぜなら，6次産業化やスマート農業をはじめにすると，とてもお金がかかって大変だし，すぐに6次産業化をしても，はじめにすると安心安全を得られない，そもそもこんなところがあることがわからなくて，失敗してしまう可能性があるから後でやります。
　　逆に，農家のイベントを開くことから始めると，イベントにきた人が「農家になりたい」と興味をもち始めて人手不足は解消されるかもしれないし，安心安全につくっているとわかると食べてもいい，と思うかもしれないからです。また，体験料などでお金も入るかもしれません。そ

してお米を使った料理を食べると，米離れがなくなり，余っている米も
なくなり，お金が入るからです。だから，「農家のイベントを開く＋お
米を使った料理を食べる」ことを先にして，その後に６次産業化やスマ
ート農業に取り組むといいと思いました。

【農業との関わり方を選択・判断】

○　自分たちは目の前で，農家さんが農業をしているところを見てきま
した。だからこそ農業の本当の大変さがわかります。でもだからとい
って，自分が農業をやりたいとは思っていません。でも僕は農業自体
が嫌いなわけではなくて，その作業が嫌なだけで，農業を応援したい
という気持ちはあります。

　　だから今自分にできる生産者のお手伝いのようなことをしていけば
いいと思います。例えば，できるだけパンなどを食べずに，お米など
を食べたり，お米はどんなおかずにでも合うので，お米はこんな使い
勝手のよい食材なんですよとPRしたり，できるだけ自分にできる
ことをしていきたいです。

○　今回のお米づくりの学習で，お米をつくることの大変さや農家さん
が減っていることを知りました。この学習を生かして普段の生活をし
ていきたいと思います。

　　まずは，出されたお米は残さず食べたり，お米を使った料理を見か
けたら手にとってみたりと，小さいことをしてみます。そのようなこ
とをすることで少しだけだけど，生産者さんを支えることにもつなが
ります。大きいことを最初からするのは難しいから，１番身近で簡単
にできそうなことからやっていきたいと思います。

　　小さいことでも，少しずつ行動することで生産者さんを支えること
につながります。だから，今までよりも少し気をつけることで農業に
関わっていきたいです。

5 まとめ　〜Education first, Technology second〜

　「Education first,Technology second」は，GIGA スクール構想の実現を着実に進めていく中で大切にしたい指導観の１つです。直訳すれば「教育を先に，科学技術を次に」となります。

　つまり，「最先端の ICT 機能が導入されても子どもを中心に考えよう」「機能・機械を見ないで子どものことを考えよう」という指導の構えを表しています。ICT 活用を授業の目的とせず，子どもに身につけさせたい資質・能力があり，そのための指導の工夫の１つとして ICT を活用する，このような指導観をもつことが大切なのだと考えています。当然のことながら，ICT を取り入れたからといって授業が変わるわけではありません。効果的で適切な ICT 活用があるから授業が変わっていくのだと思います。

　今回紹介した実践では，５年生社会科の解決策を検討する対話場面における「関連付ける思考」の見取りの限界を，ポジショニング機能を活用することによって乗り越えることができたと実感しています。

　そして，「この場面×この機能＝よりよい学び」というフォームを活用することによって，ポジショニング機能を使うことを目的とせずに，社会科で育みたい資質・能力の育成や，目指す子ども像の具現につながるよう意識することができました。

　ポジショニング機能は，子どもの思考を見取りやすくしてくれる画期的なツールです。今後も，授業のねらいの達成と目指したい子どもの姿の具現に向けて，「どの場面」でどんな「機能」を活用するのか，そしてそれが「子どものよりよい学びにつながるのか」という発想を大切にし，効果的な ICT の活用を目指した社会科実践を積み重ねていきたいです。

【参考資料】
・Sky 株式会社『学校と ICT　2021.10』2021年
・新潟大学附属新潟小学校初等教育研究会『GIGA スクールに対応した全教科・領域の授業モデル』明治図書，2021年

3 個別の事例から一般化を図る授業

5年 | 水産業のさかんな地域 〜瀬戸内海に浮かぶ小さな島　坊勢島〜

　本実践は2020年度の実践で，本校に１人１台端末（iPad）が実現してから２つ目に行った単元です。

1 教材について

　兵庫県姫路市坊勢島の漁業を事例地として扱いました。

　次ページの表のように単元を構想しました。

　第１時から第５時までは，坊勢島の事例を学習します。一般の事例を扱うよりも特殊な個別の事例を扱う方が，社会的事象をより身近に感じられる子どもが多いと感じたからです。坊勢は，知名度は高いとはいえないですが，保有漁船数が全国で最も多く，水揚げ数量・水揚げ金額共に兵庫県内の上位を占めています。

　また，とる漁業，育てる漁業共に「坊勢ならでは」の工夫があり，そこで働く人々の思いや願い，こだわりなどがよく見える好事例地です。何より，私自身がその島の小学校で勤務したこと，そして，坊勢島で実際に様々な漁業に触れさせていただいたという事実がありました。

　単元の展開としては，まず坊勢という個別の事例で具体的な理解をねらいます。しかし，本単元で扱うのは地域学習ではありません。あくまでも産業学習です。「日本における」水産業のもつ一般的な傾向や特色を理解させることが重要です。

　そこで，単元の後半には，坊勢の事例と比較しながら，日本の水産業の現実や問題点まで範囲を広げます。一般化を試みます。坊勢島という事例の具体的理解にとどまることなく，そこを窓口にして一般の水産業の全体理解につなげます。

利益を上げるために，生産者は努力や工夫をして生産活動をしています。しかし，それだけではありません。地球環境や資源の面など，持続可能な水産業活動が行えるように「共存共栄」の視点を押さえることが重要です。この視点は，産業学習に共通している中核概念です。この中核概念をもちながら学習を進めることで，産業学習を総合的に捉えることができると考えています。これらのことを意識しながら，子どもたちが多面的・多角的に社会的事象を捉え，より深く社会認識できるよう学習を進めました。

第5学年社会科「水産業のさかんな地域〜瀬戸内海に浮かぶ小さな島 坊勢島〜」単元構想図

時	毎目させること（調べること）	資料	主な問い	獲得する知識
1	坊勢島の概要	・上空写真 ・水あげされる主な魚 ・坊勢のり	「坊勢島はどのような所なのだろう？」	・坊勢島は海に囲まれた島で、様々な魚が多くとれる漁場である。・島の大半の家庭（約7割）が漁業に従事している。
水産業がさかんな坊勢島では、どのような進をしているのだろう？				
2	海苔養殖	・海苔養殖の1年 ・潜り船	「坊勢では、海苔をどのようにして育てているのだろう？」「なぜ何度も海苔を洗うのだろう？」	・海苔の養殖は、生産量が安定するよう計画的に行われ、安心・安全な海苔がつくられるように工夫している。
3	サワラはなつぎ漁	・はなつぎ漁 ・魚群探知機 ・運搬船 ・血抜きの技術 ・華姫サワラ（ブランド）	「坊勢では、サワラをどのようにしてとるのだろう？」「サワラのはなつぎ漁では、なぜ3級1組になるのだろう？」	・はなつぎ漁では、3級で1組になり、とれたサワラは運搬船で港へ運んでいる。・とれたサワラを船上で血抜きし、「華姫サワラ」としてブランド化している。
4	サバ養殖	・まき網漁 ・出荷調整	「坊勢では、サバをどのようにしてとるのだろう？」「なぜすぐに出荷せずに蓄養をするのだろう？」	・鯖の蓄養をすることで安定した収入を得ることができる。
5	イカナゴ船びき漁 妻鹿漁港	・魚群探知機 ・妻鹿漁港 ・せり 入札 ・保冷トラック	「坊勢では、イカナゴをどのようにしてとるのだろう？」「なぜイカナゴ漁は魚の群れを発見するのだろう？」「妻鹿漁港で働く人たちは、水あげされた魚をどうするのだろう？」「「あげ」された魚は、どのようにしてわたしたちのところへ届くのだろう？」	・妻鹿漁港は、水場げができる港と水産加工工場や小売所などを備えている。・水場げされた魚は、種類や大きさごとに分けられた後、大型冷蔵庫で保存、氷詰めにしてトラックで新鮮なうちに消費地に輸送、または加工工場へ運ばれる。
他の地域の水産業はどのようにしているのだろう？ これからの日本の水産業はどのようにするべきだろう？				
6	日本の水産業	・教科書の事例	「日本各地では、どのような水産業が行われているのだろう？」「なぜ日本は多くの魚がとれるのだろう」	・国土を海で囲まれ、寒流、暖流がそばを流れ長い海岸をもつ日本は、世界有数の魚介類の消費国である。
7	日本の水産業の問題点	・200海里水域 ・乱獲 ・やせた海	「日本の水産業が抱える問題に対してどのような取り組みをしているのだろう？」「世界の中でなぜ日本の漁獲量だけが減っているのだろう？」	・200海里水域や乱獲の影響で生産量は減少傾向にあるが、水産資源回復の取り組みも行われている。
8	持続可能な水産業	・栽培漁業 ・豊かな海 ・海を耕す ・植樹 ・かいぼり	「これからの日本の水産業はどうあるべきなのだろう？」「育てた魚をなぜ放流するのだろう？」	・水産業に携わる人々は、自然環境や資源のことにも配慮し、持続可能な漁業生産をしようとしている。
9	単元のまとめ	・ふり返り	坊勢漁協の関係者に「わかったことさらに知りたいこと」をメールをしよう。	・水産業は自然環境と深い関わりをもち、水産業に携わる人々の工夫や努力によって営まれている。・水産業はわたしたちの食生活を支えている。

【携持させたい概念的知識】
水産業に関わる人々は、消費者のニーズにこたえるために、魚のとり方や出荷・運搬方法など、様々な工夫をしている。
水産業に関わる人々は、生産性や品質を高めるよう努力したり新しい方法を開発するなどして、食料生産を支えている。
水産業に関わる人々は、水産資源の回復に対する取り組みに努め、持続可能な水産業を目指している。

2 授業展開モデル

以下，第4時，第6時を詳細に説明し，第1〜8時の概要を説明します。

● 坊勢島とは？（第1時）

まずは坊勢の海苔を食べます。子どもたちはそのおいしさに驚いていました。子どもたちはどこの海苔なのか気にします。

次に坊勢島上空写真を提示します。

子どもたちは地図帳や端末で調べはじめます。地理的に確認できると，次は島の詳細が気になります。

坊勢島の概要を説明します。

・坊勢島は海に囲まれた島で，日本有数の漁場である

・島の大半の家庭（約7割）が漁業に従事している

・漁船数　867隻（全国1位）

・漁業に関係する人　1,000人　（島の人口40％）

・水揚げ数量　8,580トン（兵庫県第1位）

・水揚げ金額　65億（兵庫県第1位）

このように地理的な認識から入り，坊勢島の漁業に対する興味・関心を高めていきます。

坊勢島では，どのような漁をしているかを問います。

C：船でとっている。

C：網を使っていると思う。

　　季節によってそれぞれとれる魚を紹介します。

T：この中の魚介類，大きく2つに分類できます。

C：魚とそれ以外？

C：のりとかきはとっていないね。

　　「とるもの」と「育てるもの」に分類します。

T：坊勢では，このように『とる漁業』と『育てる漁業』を行っています。

　　次の様な学習計画を立てました。

○とれる季節の魚介類
・春…イカナゴ、たい、さわら、しゃこ、メバル
・夏…あじ、あなご、小エビ、はも
・秋…シラス、シズ、いか、のり
・冬…赤シタ、カニ、ナマコ、さば、かき

---

①とる漁業はどのように行われているのだろう？

---

②育てる漁業はどのように行われているのだろう？

子どもたちはこの時間，坊勢の紹介動画を自分の端末で撮ったり，私が提示した資料を端末で撮ったりしていました。

それを見た時，そもそも今までは教師側がもっていたスライドなどを，子どもたちにロイロを通して渡してしまえばいいのではないかと感じました。

● 育てる漁業　海苔養殖（第2時）

　海苔はどのようにしてつくられているのかを予想し，「のりの養しょくのこよみ」をロイロで配布します。

月	前の年の12,1~3	4~8	9	10	11	12	次の年の1	2	3	4
作業	胞子（のりの種）をつける準備をする。	かきのからに胞子をつけて、育てる。	漁場に支柱を立てる。	あみを支柱に取りつけ、のりを育てる。あみを取りつけたふくろへのりの胞子がついた、かきのからを入れる。	かり取りの時期（1回目）	あみを取りのぞき、冷とうしておいたのりがついた新しいあみを支柱に取りつける。	生長したのりを機械でかり取る。	水でよくあらう。→かり取ったのりを細かく切る。→わくに流しこみ、かんそうさせる。→のりをたばね検査し、出荷する。検査場でかわいたのりを機	かり取りの時期（2回目）	
							かり取りの時期の一日の仕事			

のりの養しょくのこよみ

多くの準備や作業があることを捉えます。

海苔の収穫の様子を動画で視聴します。

Ｃ：え～，もぐってる。

Ｔ：もぐり船と呼ばれます。

かりとった後の海苔づくりの行程動画を視聴します。

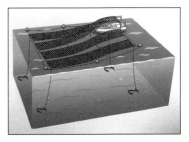

最後に，海苔の生産量と瀬戸内海の漁業種類別生産高を提示します。

坊勢の海苔が，兵庫県の水産業の大部分を占めていることを確認します。

板海苔の生産量	
平成15年	1億枚
平成28年	14億5千万枚

国内２位の生産量

（姫路の地魚食彩図鑑）

2014年　漁業種類別生産高（瀬戸内海区）	
漁業種類	生産高（千トン）
養殖	66.1
底びき	8.7
船びき	23.2
その他	11.2
合計	109.2

（兵庫県HP（食・農林水産））

さらに，海苔の養殖の発展的な学習を行いました。

坊勢島は海苔の養殖だけではなく，牡蠣の養殖も盛んです。そこで，本校の児童が学校行事で行ったことのある広島県の江田島と比較させます（江田島は全国有数の牡蠣の生産地です）。

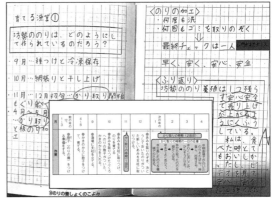

まずは，地図帳で坊勢島と江田島の位置関係を調べさせ，牡蠣の養殖が盛んな場所を確認させます。次の画像を子どもたちの端末に送り，比較させます。

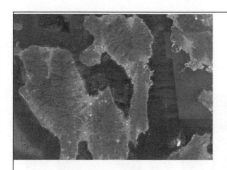

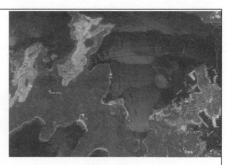

坊勢島

　子どもたちは，どちらも「湾」になっている場所で牡蠣の養殖が行われていることに気づきます。「なぜ，湾で養殖が盛んに行われるのだろう？」という問いが生じ，思考を働かせます。湾は風波や潮流の影響を受けにくく波が穏やかなので，養殖をするのに適しています。

　画像を端末上で並べて比較することを通して，共通点を見出します。養殖がさかんに行われている場所の地理的条件について認識を深めることができました。

● **とる漁業①　鰆のはなつぎ漁（第３時）**

　鰆を提示します。

　魚群探知機で鰆の群れを見つけてとることを確認します。見つけた鰆をどのようにしてとるのか，ロイロのカードにそれぞれが絵で表現します。

　その後，実際の鰆のはなつぎ漁の動画を視聴します。その途中で動画を止めて考えます。

　　・新鮮さを保つために運搬用の船を含めて３艘の船で漁をしていること

　　・船の上で，新鮮さを保つための魚の処理方法

などを確認します。

　妻鹿漁港で水揚げされ，出荷される鰆を提示します。「華姫鰆」という名

前をつけ，ブランド化することで付加価値がつくことを捉えます。

「ある一週間のサワラの水揚げ量」グラフを子どもたちの端末に送ります。

水揚げ量が安定しないという，とる漁業の問題も捉えるようにします。

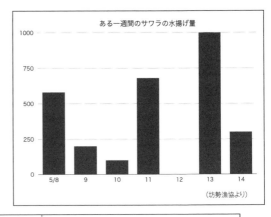

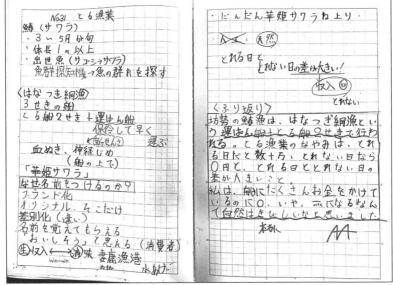

● **とる漁業②　鯖養殖（第4時）**

鯖の画像を提示します。

T：この魚はなんという名前ですか？

C：イワシ？／鮭？／鯖？

T：鯖です。

C：鯖大好き！／鯖は苦手だなぁ……。

T：坊勢では，鯖もたくさんとれます。こうやってとります。
　巻き網漁の方法を提示します。

T：とった鯖をどこに運ぶと思いますか？

C：鰤と同じように，港に運ぶんじゃないのかな？

T：だと思いますよね。それが違うのです。

これをよく見てください。

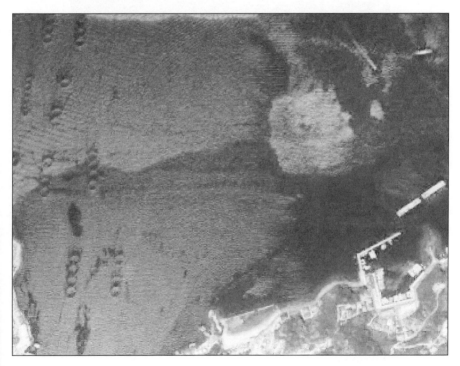

C：あの丸いのは何だろう？

C：いけすだ。

T：そう，いけすです。実際にいけすの様子を撮ってきたので見てみましょう。

　　いけすの動画を視聴します。

T：いけすの大きさは20m×20m。プールぐらいの大きさです。

T：ひとつのいけすに何匹ぐらいの鯖がいると思いますか？

C：100／500／1,000。

T：約3,000匹の鯖がいます。いけすは30以上あります。

C：9万匹⁉　すごい。

T：いけすの中を見てみましょう。

　　いけすの中の動画を視聴します。

C：すごい量の鯖が泳いでいる！

T：とった魚をいけすに運んで何をしているのだと思いますか？

C：育てている。

T：育てるには何がいりますか？

C：えさがいる。

T：そう。えさです。えさをあげている様子，見てください。

えさをあげる動画を視聴します。

C：すごいえさの量だ。

T：大量にえさが必要です。1 kg 大きくしようとすると，その倍のエサが
必要だといわれます。

T：餌の食べ残しがあると海はどうなりますか？

C：汚れる。

T：水質管理とか色々と気を配っているのですね。

T：そもそも大きないけすを30以上も用意するのは楽ですか？

C：すごい大変。

T：大変なのにもかかわらず，なぜ坊勢の人はいけすで鯖を育てると思いま
すか？

T：3つの資料を出すのでそこから考えてください。

子どもたちの端末に，以下の資料を送付します。

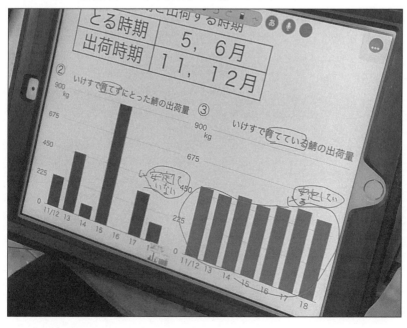

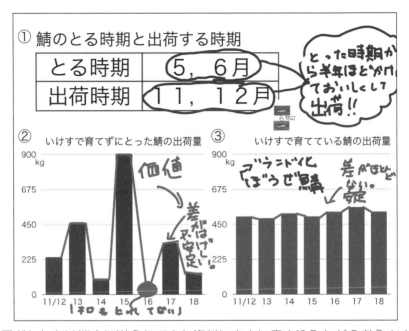

子どもたちは端末に送られてきた資料に自由に書き込みながら考えます。

C：いけすで育てる方は好きな時に出荷できる。

C：いけすで育てる方は鯖が最も美味しくなった時に出荷できる。

T：なぜその時期に出荷できるといいのですか？

C：高く売れる。

C：たくさん売れる。

C：収入が多くなる。

C：人の手で管理できるので安定した漁ができます。

C：出荷を調整して安定した収入を得ることができるんだね。

T：これって本当に『とる漁業』だといえますか？

C：とる漁業でもあるし，育てる漁業でもある。

C：鯖と同じでとる漁業。海苔と同じで育てる漁業。

T：とって育てる方法を『蓄養』といいます。

T：蓄養について，みなさんはどう思いますか？

C：とる漁業と育てる漁業をミックスさせる蓄養のアイデアがすごくいいと
　　思う。
T：蓄養された鯖，このように出荷されます。
　出荷される鯖を提示します。

C：ぼうぜ鯖！　これもブランド化だ。
C：ブランド鰆と同じようにブランド鯖として出荷することでよく売れるん
　　だね。

● 妻鹿漁港（第5時）

　過去5年間のいかなご漁解禁日
及び終漁日一覧表（播磨灘）を提
示します。解禁日と終漁日が決め
られ，漁にもルールがあることを
捉えます。

T：いかなごはこうやってとりま
　　す。

　いかなご漁の動画を視聴します。
　新鮮さを保つために活間に氷を

過去5年間のいかなご漁解禁日及び終漁日一覧表
（播磨灘）

漁期	解禁日	終漁日
2014年	2月28日	4月26日
2015年	2月26日	4月18日
2016年	3月7日	4月23日
2017年	3月7日	3月22日
2018年	2月26日	3月24日

（坊勢漁業協同組合より作成）

入れることを確認します。

水あげされたいかなごが，どのように家庭に届くのかを考えます。

「水あげ→入札→輸送→（冷凍，加工，小売）→わたしたち」の順になります。新鮮さを保つために保冷トラックで運びます。

妻鹿漁港の上空図を提示し，子どもの端末にも送ります。港にいろいろな施設（加工場や直売店）があることを確認し，新鮮なうちにすぐに加工したり販売したりできることを捉えます。

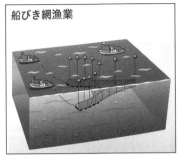

船びき網漁業

水産業では，新鮮さを保つ工夫が多くの場面で意識されています。例えば第3時の鰆漁では，3艘の船で漁業を行い，そのうちの1艘の船は運搬船としてすぐに港にとった魚を運ぶという工夫をしています。

第5時のいかなご漁で

〈ふりかえり〉
妻鹿漁港には多くの魚を新鮮なまま運んだり、加工したりする工夫がある。
例えば新鮮さを保つために保冷トラックで冷やして輸送している。
いかなご漁に解禁日と終漁日が決められていると言う私の解釈は2つある。
1つ目はその人だけがとることができないように。（独り占め防止）
2つ目は来年のためにいかなごを残して成長させるため。
私は妻鹿漁港がたくさんの工夫をしているのがとてもいいなと思いました。なぜなら、私たち消費者の気持ちを考えているからです。妻鹿漁港が私たちが知らないウラでたくさん工夫していることを知って消費者のために安心、安全を心がけてくれているのだと感じました。

〈妻鹿漁港の工夫〉
港に加工場、加工センター、直売場がある。
　　　　↓
新鮮なうちにすぐに加工したり販売できる。
　　　　↓
費用がかからない（保冷トラックを使わなくていい。）
時間がかからない（短縮）
環境にいい（保冷トラックを使わないから二酸化炭素が減る。）
メリット

は，とったいかなごを入れる「活間」に大量の氷を入れることで新鮮さを保っています。また，水揚げしたいかなごを市場へ運ぶトラックも保冷トラックで運搬することで新鮮さを保つことができます。

魚介類を扱う水産業がより鮮度を意識した工夫をしている点は，前の単元で学習した米づくりとは違う点の1つといえます。

同じ食料生産を扱っている産業でも違いや共通点があることを意識させることは，産業を捉えていく視点として重要です。

● 日本の水産業（第6時）

Ｔ：坊勢の水産業を学習してきましたが，全国ではどうでしょう？
　教科書の事例と比べ，同じと違いを見つけていきましょう。
　どのような観点で調べたらいいと思いますか？
Ｃ：とる漁業のこと。
Ｃ：育てる漁業のこと。
Ｃ：港の様子。

　調べる観点を「とり方」「育て方」「港の様子」の3つに絞り，教科書を使いながら調べていきます。まとめる際，ロイロにあるキャンディチャートを使用しました（アミかけのカードがピンク）。

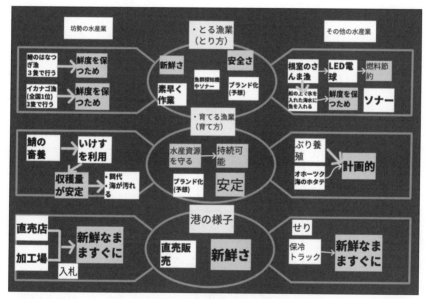

　上図のように，坊勢の水産業の事例と教科書の事例を観点ごとに比較し，共通点，相違点を分類します。左側が坊勢の水産業に関すること。右側が教科書の水産業の事例に関すること。中央が，どちらの水産業にも関することです。つまり，左右が相違点，中央が共通点になっています。

さらに，「目に見える事実」は白色のカード，「目に見えない意味や特色」等はピンクのカードに書きます。そうすることで，自分が考えて導き出したものは，「目に見えるもの」なのか「目に見えないもの」なのかを自覚的に意識することができます。また，矢印でつなぐことで，社会的事象の因果関係が見えやすくなります。

● 日本の水産業の問題点（第7時）

　排他的経済水域を合わせると，日本の面積は9位であることを確認します。
　次に，日本周辺の海流と漁場を提示し，日本の周りは海流の影響で多くの魚がとれることを捉えます。
　日本の水産物生産量の減少のグラフを提示します。
　日本の水産物生産量は減っているのに世界は増えていることを確認します。
　世界は増えているにもかかわらず，なぜ日本だけ減っているのかを考えます。
　様々に予想をさせます。

　魚のとりすぎが原因であることを捉え，とりすぎないための工夫である大きい網の目を提示します。小さい魚をとらないようにしています。

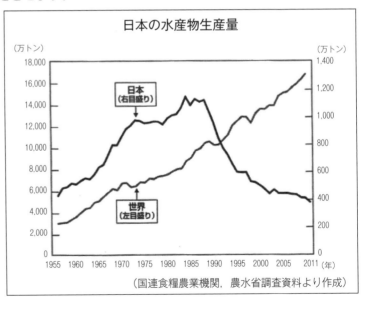

日本の水産物生産量

（国連食糧農業機関，農水省調査資料より作成）

> ふり返り
> 日本の水産業の問題は魚を獲りすぎて
> 水産資源が減少していることだ。水産
> 資源を増やすために、網の目を大きく
> したり、とる量を制限するなどの工夫
> をしている。私は、日本の水産資源が
> 減っていることや海が汚れるなどの世
> 界的な問題もあるけれど、日本の工夫
> のようにひとりひとり気をつけていき
> たい。

● 持続可能な水産業（第8時）

坊勢の中間育成所を提示します。ヒラ
メ，おこぜ，車エビ等の稚魚を育ててい
る理由を問います。

育てた魚を放流する場面を提示し，放
流する理由を考えます。

水産資源を増やすための栽培漁業を行
っていることを捉えます。

その後，「持続可能な水産業」をテーマに，端末を使
ってまとめていきました。「持続可能」の視点は，どの
学年，どの単元でも意識するべき視点です。

3 実践を振り返って

　最初に述べたように，本実践は，本校で1人1台端末が導入されて行った2つ目の単元でした。第4章で詳しく説明しますが，社会科の本質としての概念的知識の獲得が十分ではなかったという前実践の反省を生かしての実践でした。できるだけ，獲得される知識を明示的に示せるように意識しました。

　また，本実践は教科書に掲載されていない「坊勢島」を事例として扱いました。教科書にないからこそ，子どもたちは端末を使ってインターネット検索を随時行っていました。

　基本一斉授業を中心に行いました。授業の際，教師が提示する資料なども子どもの端末にどんどん送るようにしました。子どもたち自身の端末上に資料がストックされ，随時資料を確認できるようになりました。つまり，資料を常に手元に置き，確認しながら学べる状態になったということです。

　次のように，資料箱に資料を常に置いておくようにしました。子どもたちは自分で選択して資料をとれるようになりました。子どもたちに渡せるものは渡して，そこから先を子どもたちと一緒に楽しめばいいのではないか，と思いながらワクワクしていたことを覚えています。

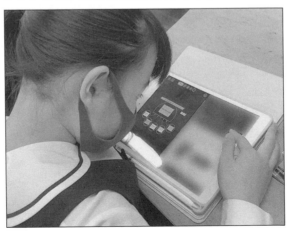

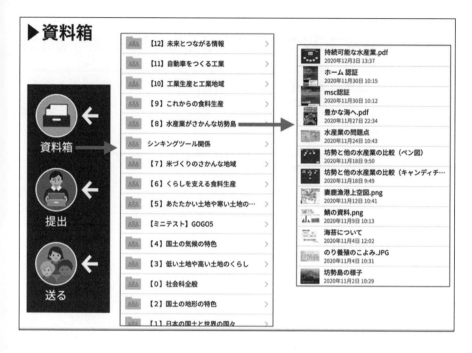

　本実践を通して子どもたちは，

・候補を絞ってインターネットで調べること

・資料を端末にストックすること

・資料に自分の考えを書き込むこと

・カードの色を変えることで明示的に示すこと

・思考ツールを有効活用すること

・資料箱から資料を自己選択すること

・〈振り返り〉をロイロ上で共有すること

など，今後も有効に学んでいく方法やスキルを獲得していきました。

　端末を活用すると学びやすくなるということが感じられた実践でした。

（宗實　直樹）

4
6年
新型コロナウイルスから私たちの生活を守る政治

「個別最適な学び」を意識した授業 ～「単元表」をもとに～

　本実践は，次のような単元表をもとに「個別最適な学び」を意識した実践です。

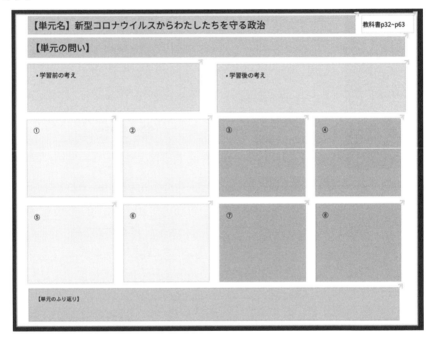

以下に，その詳細を述べていきます。

1 教材について

　政治の学習は，子どもの実生活から遠く感じ，他人事のような感覚で学習することが多くなる傾向があります。子どもたちにとって，いかに身近な題材を扱うかがポイントとなります。

本単元では，新型コロナウイルス感染症（以下「新型コロナ」）を扱いました。当時，全国の学校に臨時休業が要請されたり，緊急事態宣言が何度も発令されたり，生活の中でも様々な影響が出ていました。日々の生活の中でも様々な感染症対策を行い，子どもたちにとって新型コロナは身近な教材でした。新型コロナへの対応を教材にすることで，切実感をもって主体的に実社会に関わっていこうとする態度を育成できると考えました。また，身近な事例を通じて学習することで，見えにくい政治の働きをより理解しやすく，自分の考えをもとに判断しやすくなります。判断したことをもとに話し合い，他者との関わり合いも生じやすくなると考えました。

　本単元では，国や地方公共団体が国民の願いを受けて政治を行うことの大切さや，主権が国民にあることを捉えさせることをねらいとしました。さらに，充分に議論した上で決定するという意思決定のプロセスを通じた主権者教育の意味を感じさせたいと考えました。

　また，新型コロナは，世界的な課題となっています。すべての国が協力・連携していく必要があります。3学期単元の「国際社会と日本の役割」につなげ，グローバル化した社会を捉えるきっかけとしたいと考えました。

【単元目標】

〇国や地方公共団体の政治は国民主権の考えの下，国民生活の安定と向上を図る大切な働きをしていることを理解できるようにする。

〈知識・技能〉

〇国や地方公共団体の政治の仕組みや働きを捉え，自分で判断したことを議論したり書き記したりして表現できるようにする。

〈思考力・判断力・表現力〉

〇政策の内容や計画から実施までの過程，法令や予算の関わりなどについて，主体的に追究できるようにする。

〈主体的に学習に取り組む態度〉

【単元計画】

第1時　新型コロナによってどのようなことが起こったのだろう

第2時　感染者数はどのように変化してきたのだろう

　　　　新型コロナによる課題の解決のために，政府はどのような対応をしているのだろう（学習問題）

　　　▶感染症を防ぐためにどのような対策をしているのだろう

　　　▶経済支援のためにどのような政策をしているのだろう

第3時　感染症を防ぐためにどのような対策をしているのだろう

第4時　経済支援のためにどのような政策をしているのだろう

第5時　新型コロナに対して国・県・市はどのような関係にあるのだろう

第6時　その他の課題を解決するためにどのようなことが行われているのだろう

第7時　海外ではどのような政策が行われたのだろう

第8時　日常の政治はどのようにして行われているのだろう

第9時　学習問題に対する自分の考えをまとめ，自分の問いを追究しよう

2 授業展開モデル

● 新型コロナウイルスが広がって（第1時）

　第1時では，新型コロナについて知っていることを出させたり，世界での広がりの写真を見せたりしながら，新型コロナの概要を捉え，興味関心を高めるようにしました。

　そして，「新型コロナウイルスによってどのようなことが起こったのだろ

う?」という問いをつくりました。子どもたちは自分が経験したことなども思い出しながら意見を出していきました。

・世界で1億人以上の人たちが感染している。
・全国の学校が休校になった。
・外出の自粛要請があった。
・緊急事態宣言が3回も出された。
・マスクやトイレットペーパーがなくなった。
・Go To トラベルが実施された。
・なかなか友達と遊ぶことができなくなった。
・人混みになる場所へは行かなくなった。

などが出されました。

　子どもたちは，次のように，現時点での自分の考えを書きました。

新型コロナウイルスで一番困るのは、人々の生活のことについてだと思います。仕事がなくなったことによって生活がくるってしまった人々や、活動の制限をされて海外などに行けなくなったので海外での仕事ができなくなったり、学校の行事が無くなったりマスクでの学校の体育時の事故があったり、経済が進められなくなったりするので、コロナが一番困らせているのは人々の生活と政治だと思います。
生活は飲食店で働いている普通の人々がお客さんが来なくて売り上げが上がらない。
政治では、政治が進まないことによって、今まで解決しようとしていた問題や進めようとしていた技術がなくなってしまう。
私がコロナによって思わされることは、普段の生活の自由さがなくなったことと、これまでできていたこととは違う生活の仕方があると思いました。
特に私は病院に行く時でさえマスクをするのが嫌だったのにもう今ではなれて当たり前のうちに入ってしまっているのが驚きです。

一方でゲーム会社やアップルなどの機械の会社は売り上げが上がっていると思います。
家にいることが多くなって、外に出て遊んだり学校の放課後が無くなったので家でも暇潰しになる機械が売れていったので、ゲーム会社は飲食店とは反対にあまり困ることはないと思いました。

右の図は，座標軸を使って捉えようとしています。

自分の考えをもたせた後，新型コロナによる現状を話し合いました。

・医療現場が大変なことになっていること

・飲食店の経営が非常に困難になっていること

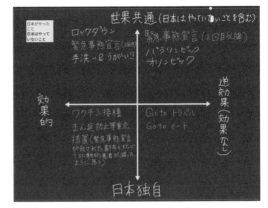

などを確認し，新型コロナの拡大防止と，被害を最小限に抑えるようにしたいという国民の願いがあることを確認しました。

● 学習問題と学習計画（第2時）

第2時では，新型コロナ感染者推移グラフを使い，子どもたちから「なぜ感染者数が減ったのだろう」という問いを引き出しました。

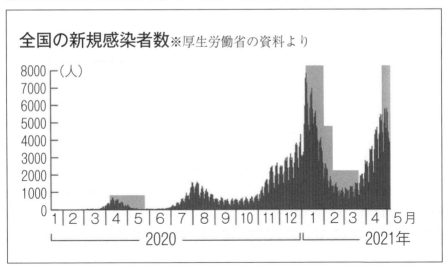

全国の新規感染者数 ※厚生労働省の資料より

Ｔ：全国の新規感染者数の推移です。グラフを見て気づくことは何ですか？

Ｃ：増えたり減ったりしている。

Ｔ：波がありますね。減っている所はなぜ減っていると思いますか？

Ｃ：緊急事態宣言が出された。

Ｔ：緊急事態宣言は誰が出しますか？

Ｃ：国。

Ｔ：国の働きかけですね。国が新型コロナ対応で行っていることは緊急事態
　　宣言を出すことだけですか？

Ｃ：他にも色々とやっています。

　そこで，

> 　新型コロナによる課題の解決のために，政府はどのような対応をして
> いるのだろう。

という学習問題を設定しました。

　学習問題に対する予想をロイロで分類し，分類した予想をもとに学習計画
を立てていきました。

　（予想の分類や学習計画の立て方については p.36〜39をご覧ください）

 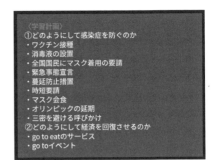

感染症を防ぐためにどのような対策をしているのだろう（感染症を防ぐための対策）。

と，

経済支援のためにどのような政策をしているのだろう（経済支援）。

の2つに絞って学習計画（調べる計画）を立てました。

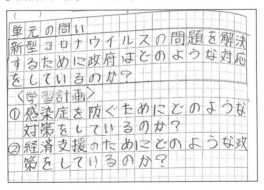

● 感染症対策（第3時）

第3時では，感染症を防ぐための対策について調べる時間を充てました。個別学習が中心となります。

●緊急事態宣言　まん延防止措置
　発令　解除
●経済対策　補助金
●医療機関支援
●ワクチン接種
●マスク着用義務
●密をさける
●PCR検査
●飲食店への時短営業要請

● 経済支援（第4時）

　第4時を国の経済支援について調べる時間に充てました。第3時と同様，ここでも個別に調べる時間を充てました。

・生活支援
・住居確保給付金
・休業支援金　などがある。

それぞれ，コロナ禍で職を失ったり，家賃が払えなくなったりした人にお金を渡している。

僕的にはもう少し規模を拡大してほしいと思った。

● 協力体制（第5時）

　第5時では，本時までに家庭で調べてきたことも含め，個別で調べたことを全員で話し合うことで共有しました。

　調べたことを関係図にまとめ，国や県，市が連携・協力して対応を進めていることを捉えられるようにしました。

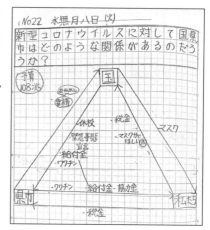

● オリンピックの開催は？（第6時）

　第6時では，今現在（2021年，東京オリンピック2020開催前）の時点で考えるべき課題であるオリンピックの開催方法について多面的・多角的に話し合いました。第4時と第5時で個別に調べた知識を生かして判断する場面を設定しました。

No.23　水無月九日(水)　　（　　）

東京オリンピック開催は
無観客でするべきか？
有観客でするべきか？

反　・2兆4000億
　・コロナ対策
　・感染が拡大
　・方法と工夫
　・亡くなる人もいる

緊急事態宣言が
起きたら，
－6兆4000億

有　・外国の人が来てくれる
　・制限　　－1兆400億 50%
　・チケットがあたった人がかわいそう
　・経済的によい
　・選手が練習
　・めったにない
　・モチベーション

● 他国の政策（第7時）

　第7時では，他国の政策について調べ，やっている方法は違うものの，どの国も日本と同じように国民の願いを実現するために政治を行っていることを捉えました。

⑦「海外ではどのような政策が行われたのだろうか？」
・追跡アプリ
・どの店が混み合っているのかがわかるアプリ
・ワクチン
・テレワーク
・支援金
・PCR検査キット(自動販売機)
・罰金
・クーポン
・デジタル証明書
「共通点」
各国でやっている方法は違うけど，
各国の政府が国民のために行なっているのは同じである。

海外ではコロナウイルスの対策を徹底的にして，一気にまずはワクチンや治療薬より治めることを考えている国もあれば，まずはワクチンを開発して，どんどんかからない人を減らしていこうとしている国の二つがある。
AIなど最新の技術を使って人の流れなどを確認して徹底的に政府などの指示に従っている国と，日本のようにあくまで要請だけだからあまり外出の自粛をしていない人がたくさんいる国もある。
　(けれど，日本もスーパーマーケットで空いている時間帯などの書いてあるチラシをお客さんが必ず通るレジのところに貼ってあったりしている。)
ある国では自主性の尊重によって，自粛をしない人がいたりする国もある。
そして，感染者を制御して人の流れなどは制御しない国もある。
だから，国によってコロナに対しての観点が違う事がわかりました。
他の地域では，移動規制など人の動きを徹底的に無くすような活動をしている国もありました。

● 有事の政治と日常の政治（第8時）

　第8時では，コロナ禍における有事の政治と，教科書に掲載されている日常の政治である社会保障の事例とを比較することで，どちらも憲法に基づいた政治が行われていることを捉えました。

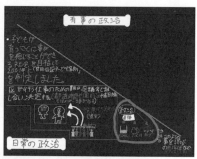

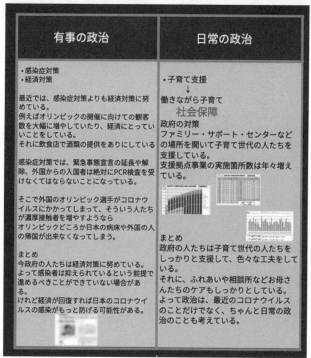

● まとめと自分の「問い」の追究（第9時）

　第9時では，学習問題に対する自分の考えをまとめられるようにし，残っている自分の「問い」があれば随時追究するようにしました。

　それぞれの時間ごと，「単元表」に学びの跡を書き込み，単元として学習を終えた後に学びの履歴と自身の変容が見えやすいようにしました。

↓

※単元表が時間を追うごとに埋まり，それぞれ資料をつけたりしながら工夫するようになっています。

　ここでは，第6時の1時間の授業を詳細に紹介します。

　本時のねらいと問いは，右の通りです。本授業は，2021年，東京オリンピック2020開催前に行いました。

【ねらい】
　感染症対策や経済支援等の政府の対策について学んできたことをもとに対話的に話し合う活動を通して，オリンピックの開催方法を多角的・多面的に考えることができるようにする

東京オリンピックの開催は無観客でするべきか？有観客でするべきか？

　オリンピックについての話題を提示し，国民のオリンピックへの対応について予想をさせます。

T：5月31日付の読売新聞，国民の意見調査です。
　オリンピック・パラリンピックについて，中止と開催の意見，どちらが多いと思いますか？
C：きっと中止の方が多いと思う。
C：こんな状況でしちゃだめだと思う。
　（ブラインドをとる）
T：どちらも同じぐらいなのですね。
C：え〜，意外！

東京五輪・パラリンピックへの対応

中止？
開催？

（2021年5月31日（月）読売新聞 より作成）

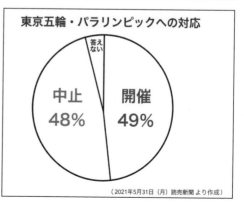

東京五輪・パラリンピックへの対応

答えない

中止 48%　開催 49%

（2021年5月31日（月）読売新聞 より作成）

Ｔ：どんなところが意外ですか？

　「中止」といっている人たちの理由，「開催」といっている人たちの理由
　はそれぞれ想像できますか？

　子どもたちは，オリンピックの開催・中止を主張しているそれぞれの理由
を考え，発表します。

Ｃ：中止派の人たちは，感染症の拡大が心配なのだと思う。

Ｃ：開催派の人たちは，経済的な効果を問題にしていると思う。

　それぞれの立場に立って理由を考えさせることで，感染症対策と経済回復
が主な論点になっていることに気づかせました。

　そして，スライドを提示しました。

Ｔ：６月５日，橋本会長のインタビューがありました。そこで，このように
　いっています。

　「東京五輪は100％開催だが……無観客も覚悟」

Ｃ：え〜，開催は決定なんだ……。

Ｃ：無観客でする意味あるの？

Ｃ：でも仕方ないかもね……。

　（子どもたちガヤガヤ）

Ｔ：オリンピックは開催されるようです。

　ではその中で，

　「東京オリンピックの開催は無観客にす
　るべきかどうか？」

　これについて今日は話し合いましょう。

　まず，自分の立場を明確にするためにロイ
ロにカードを提出させ，共有しました（無観
客派はピンク〔①〕のカード。有観客派は水
色〔②〕のカード）。

　それらをもとに話し合いました。

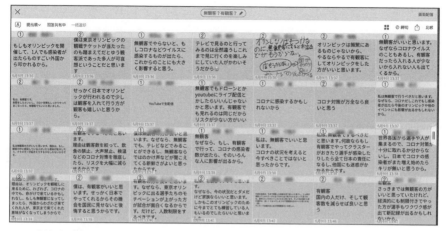

C：感染を防ぐためには無観客にするべきだと思う。

C：無観客にすると経済的な損失が大きいよ。

C：人の流れの抑制や医療機関の負担を考えれば無観客は仕方ないと思う。

C：選手やスポンサーの気持ちもわかる。

C：チケットが当選した人は無観客になると残念がるだろうね……。

　話し合いを経て，最終的な自分の立場を五段階の色でロイロに提出させ，共有しました（無観客派←赤〔①〕，ピンク〔②〕，黄色〔③〕，水色〔④〕，青〔⑤〕→有観客派）。

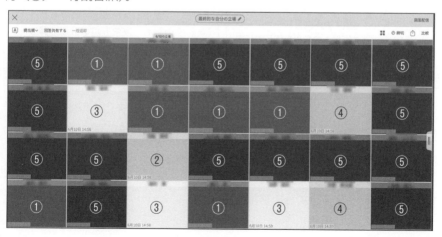

第1時から第5時までの学習を踏まえた1時間でした。子どもたちは，「感染症対策」と「経済政策」について調べて得た知識をもっての話し合いでした。

　その際，多角的に考えさせるために，様々な立場から考えられる資料を用意し，その都度提示するようにしました。

　例えば，次のような資料です。

緊急事態宣言による経済的損失
　▶約6兆4,000億円
中止による経済的損失
　▶約4兆5,151億円
無観客開催による経済的損失
　▶約2兆4,133億円
50%の入場制限による経済的損失
　▶約1兆3,898億円

（「関西大学　プレスリリース」を参考に作成）

バブル方式

バブル方式のイメージ

原則毎日検査を実施し，行動範囲は原則公共交通機関の使用も禁じられ，観光地，レストラン，バー，ジムなどに行くことも認められない。

オリンピックの無観客試合がもたらす経済的損失

　この損失分をどこから引っ張ってくるのか，もしくはどこで回収する見込みなのかという部分でも今後の具体的な動きに注目です。

　いずれにしても国から捻出されるものであり，何らかの形で**国民への負担も増してしまうことが予想されます。**

（SportsMap　2021年5月19日より作成）

金銭だけの問題ではない

　今回の東京五輪は，日本にとって象徴的な意味合いがあると，メルボルン大学のアンダーソン教授は説明する。

　「日本ではもう長いこと経済が停滞していたし，津波と福島の原発事故もあった。そのため，**東京五輪は日本復興の象徴となったはずだ。そういう意味では特に大事な大会**だ」

（BBC NEWS　2021年5月15日より作成）

　その他，多数あります。実際にすべてを提示したわけではありません。子どもから出た意見を補強するための資料や，一方の意見に偏りすぎた時にゆさぶるための資料として準備をしていました。

　板書は，出た意見を子どもたちが整理しやすくなるよう，それぞれの立場などに分けて板書するように意識しました。

　実際の授業では，子どもたちは自分で考え，判断し，他者の意見によく耳を傾けていました。自分の意見を「伝えたい」という意欲もよく伝わってきました。

　しかし，子どもたちが多角的・多面的に考え，話し合えるように意識はしていたものの，多くの反省点が残る授業でした。

　例えば，

　・子どもたちが十分に関わり合う「話し合い」になっていなかった。

　・授業が流れてしまう感じで，子どもたちの考えがゆさぶられる場面が少なかった。

などです。

　その反省点から考えたことや改善点を次に述べます。

● ロイロをいかした関わり方を考えること

　最初に，子どもたちは意見カードをロイロで提出しました。これをロイロの機能で共有化し，それを見ながら子どもたちが話し合っていく方法をとることも考えられました。

　「私は～という考えなのですが，同じ色だけど違う視点から無観客派の○○さんはどうですか？」

　「私は絶対に～という考えなのですが，○○さんの意見に質問してみたいです」

などです。

　つまり，ロイロに提出されたそれぞれの意見を吟味し，それをもとに話し合いを広げていくという形です。

そうすることで，子どもたちがより他者意識をもって関わり合おうとしたはずです。普段から子どもが話し合いを組織できるように促す必要性も感じました。

● 関わり合わせるために「止める場面」をつくること

今回の授業で考えられる「止めるべき場面」は以下の3つです。

① 授業者による資料提示の後

話し合いの途中で授業者がいくつか資料を提示しました。先述の通り，確認のための資料も考えられますが，多くは話し合いに揺さぶりを入れ，関わり合わせることを意図とした資料でした。話し合いの流れや資料によってはロイロでその資料を子どもたちに送るなどして，しっかり止まって考えさせるべきでした。

② キーになる子どものつぶやきが出た時

1人の子どもの考えが大きく揺れる瞬間があります。例えば今回，「経済的な理由で絶対に有観客」としている子どもが，「あ〜，でもやっぱり命が大切だから無観客かな……」とつぶやいた場面がありました。子どもの考えが大きく揺れた瞬間でした。そこで止めて理由をしっかりと訊くべきでした。

③ 考えの変容があった時

話し合いを経て，授業の最後に多くの子が有観客から無観客に意見を変えていました。その理由を話し合わせるべきでした。

つまり，これらの場面で止め，問い返すことで，子ども同士が関わり合うべき場面が生じるきっかけになるはずだったと考えられます。「授業は流すのではなく，止めること」。これを強く意識しなければいけません。また，それが十分にできるゆとりと対応力を身につけなければいけないと強く感じた1時間でした。

次の図は，１時間の授業の板書計画や発問等を記したノートです。

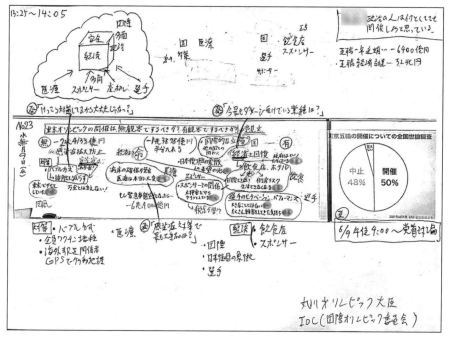

GIGA が進んでいますが，私が実際に授業を考える時は，このようなアナログな方法が多いです。

4 「個別最適な学び」を意識した単元デザイン

ここでは，「個別最適な学び」の視点から，「単元表」をもとにした単元全体の授業デザインについて，説明します。

● 「指導の個別化」を意識する

「単元表」の中に①〜⑨のカード（本時の問い）があります。①②⑤⑥は一斉授業で，太枠の③④⑦⑧⑨は個別を中心に学習した時間としました。①②の学習問題をつくり，学習計画を立てる場面は一斉授業で行いました。③

④では，学習計画に応じて個別に調べていく時間としました。そして，⑤では個別に調べたことを交流し，⑥では個別に調べたことを生かして話し合いをしました。そして，⑦⑧⑨は個別学習を中心に進めました。

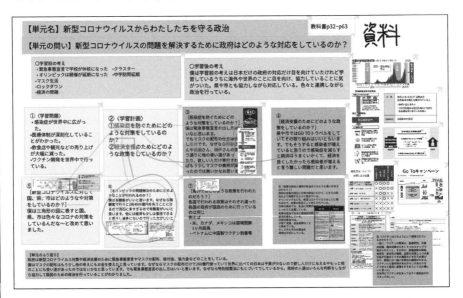

つまり，一斉授業と個別学習を単元の中に組みこむようにデザインしています。個別学習の時間をより機能させるために，個別でそれぞれが調べたことを全体で共有し，概念を整理しました。また，調べたことを生かす時間を設けました。

例えば，⑤の一斉授業では，③と④で調べた感染症対策や経済政策について交流し，多くの政策が行われていることを理解させました。また，それぞれの政策は国だけでなく，県や市が協力して行っていることを捉えるようにしました。⑥では，オリンピックの開催を有観客にするべきか無観客にするべきか判断し，話し合いました。ここでは，③④で個別に調べ，⑤で交流をして得た知識や概念を生かして話し合うようにしました。

③④や⑦⑧で，子どもたちが個別学習を進めている時に，教師はその学びの様子をよく見ておく必要があります。例えば，ある子は思考ツールを使い

ながら自分の調べたことを整理しています。ある子はノートにメモをとりながら整理をしています。1人ひとり，調べる内容も違えば調べる方法も違います。教師はそれらをじっくりと見取っていく必要があります。個別学習の時間で学ぶ子どもの様子によって，その後の一斉授業のあり方も変わってきます。

　個別学習の時間は，一斉授業の中では見られなかった個々の学びの様子を見取ることができるチャンスです。個別学習の時間は，個々への適切なアドバイスと共に，1人ひとりの学びの様子を見取る時間にしたいものです。

●「学習の個性化」を意識する

　子どもたちのもつ興味関心などの個人差を生かす指導を心がけています。
　例えば，⑨では，自分のもっている「問い」に応じて自由学習（気になる所を調べる学習）を設けて調べるようにしています。p.200の図では，ワクチンのことについて調べています。単元の問いに対する答えが出た後に，それぞれの子どものもつ興味・関心に応じて学習を進めました。
　別単元での「学習の個性化」を意識した実践はp.233に紹介しています。ご参照ください。

5　「個」を見取ること

　先述した6年生単元「新型コロナウイルスからわたしたちを守る政治」の⑥の授業の時，ある子（Aさん）が意見をいいました。「オリンピックを開催して感染が広がったら，日本が他国からたたかれる。日本にとってマイナスしかない」という発言がありました。私はその時，感染症が広がるから無観客にするべきか，経済のことを考慮して有観客にするべきかという視点で子どもたちが意見を出してくると考え，構えていました。そのため，「感染症が広がるのを恐れているから無観客ということでいい？」と問い返しました。当然Aさんの真意はそこではありません。日本という国がどういう風に

見られるかということを問題視した意見でした。つまり，国際的な視点から考えた意見でした。本授業において，結果的にこのような発言をしたのはＡさんのみでした。Ａさんは，授業後も，日本を守るためだということを強く私に主張してきました。Ａさんのもつこだわり（個性）は強いです。その個性を周りに広げて価値付けるチャンスであったのにそれを活かせなかったことが悔やまれます。

　普段の生活の中でのＡさんの思考や本時までのＡさんの発言から考えれば，Ａさんが本時でこのような発言をすることは想定できていたはずです。「個」の思考の筋道を見取れていなかったことから，Ａさんの発言の意図を本時で正確に冷静に読み取ることができませんでした。子どもの思考の筋道を追い，「この子の個性を授業の中で活かす」という意識をより強くもつ必要性を感じました。つまり，「個別最適な学び」を実現しようと思えば，何よりもまず，「個」の学び方を正確に丁寧に捉えることが重要です。そのためには子どもの学びの跡が残る「単元表」だけでなく，教師が子どもの様子や思考の跡を記録し続けることも必要となります。

　すべての子どもにとって「個別最適な学び」を実現するために最も重要なことは，１人ひとりの「個」を見取り，その子にとって何が最適かを捉えることです。「個」を見取るとはどういうことか，「個」を見取るために何が必要か，「個」を見取るためにどうあるべきか，私たちは再度問い直さなければいけません。

（宗實　直樹）

【参考資料】
・安彦忠彦『授業の個別指導入門』明治図書，1980年
・加藤幸次『個別化教育入門』教育開発研究所，1982年
・山崎林平『社会科個別指導入門』明治図書，1985年
・水越敏行『個別化教育への新しい提案』明治図書，1988年
・全国教育研究所連盟 編『個を生かす教育の実践　上』ぎょうせい，1992年
・堀哲夫『新訂　一枚ポートフォリオ評価OPPA』東洋館出版社，2019年

4章

GIGA 社会への道

1 「立往生」から「効果的な活用」へ

1 スタートは「立往生」

　故郷である佐渡ヶ島で教員生活をスタートした私は，初めての本土勤務で，新潟大学附属新潟小学校に赴任しました。県内でも指折りの研究校です。私が赴任する前から１人１台端末を活用した実践を積み重ねていました。

　私自身，ICT教育の大切さは頭で理解していたものの，１人１台端末を活用した授業は未経験でした。赴任して間もなく，初めて手渡された教師用タブレット端末にわくわくしたのを覚えています。

　しかし，高揚感にも似たわくわくはその時だけでした。赴任して半年間，恥ずかしながら，端末を効果的に活用することはもちろん，端末すら使わない日々が続きました。

　理由は簡単です。どうやって端末を使えばよいかわからないからです。操作的なスキルはもちろん，授業でどう有効活用すればよいかがわからないのです。当時の自分を表現するならば，「悪戦苦闘」でも「試行錯誤」でもなく，「立往生」という表現がぴったり当てはまります。だからこそ，今もなお端末の活用に難しさや停滞感を抱いている学校や先生方の気持ちがよくわかります。「使わないといけないのはわかっている，でも，進まない……」といったもどかしさです。

　ただ，そんな私でも少しずつ歩みを進めることで，端末の操作に慣れ，社会科の授業に取り入れていくことができました。

　立往生から利活用へ，同じ境遇の先生方のヒントになれば幸いです。

2 小さなことから始める ―着眼大局，着手小局―

これは，中国の戦国時代末の思想家であり儒学者の荀子の言葉です。

> 物事を長く広い見地から見ながら，目の前の小さなことから実践する

という意味です。

　今振り返ると，スタート時の私は「使わないといけない」「先進的な取り組みをしなければいけない」と，端末活用へのハードルを自ら上げすぎていたような気がします。その思いとは裏腹に，操作スキルや利活用のイメージがもてないために，活用が進んでいかなかったのです。

　日本の教育の未来や GIGA スクール構想が目指す先を見据えつつも，小さなことから始める。まずは，手軽に取り組めることから始めてみました。なお，附属新潟小学校ではロイロをメインにしていたため，ロイロの機能から使い始めました。以下にその取り組みを4つ紹介します（図1234）。

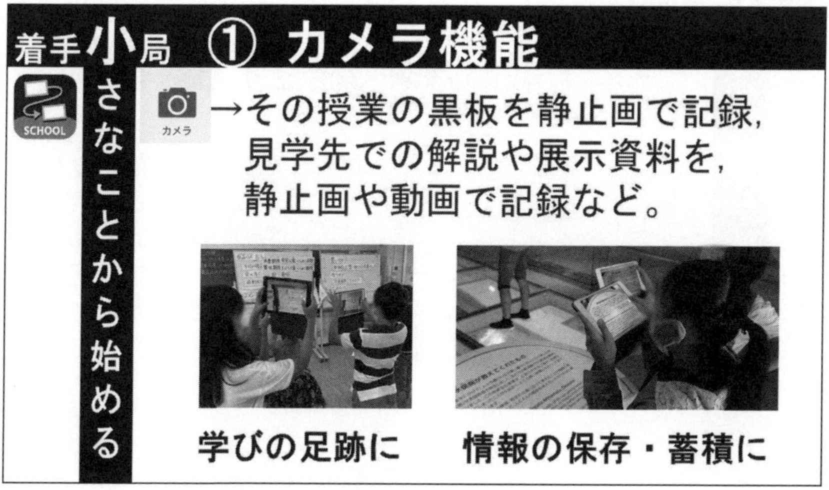

図1　小さなことから始める①

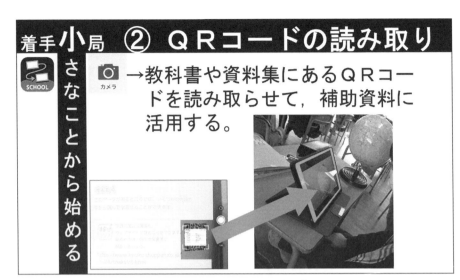

図2　小さなことから始める②

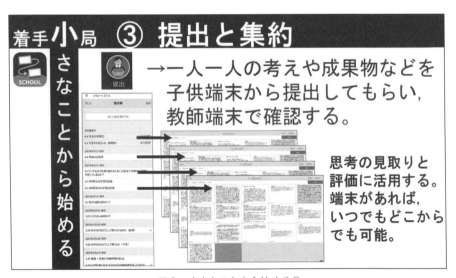

図3　小さなことから始める③

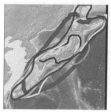

着手 小局 ④ 資料の配布

SCHOOL

さなことから始める

→今まで紙で配っていたものを
デジタルで配信する。

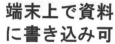

端末上で資料
に書き込み可

端末で資料を見て，
ノートに記録する。

図4　小さなことから始める④

　ポイントは，「便利だな」「楽だな」「これだったら続けて使えそうだな」
と思える機能や活用方法を見つけることです。もちろん，活用に慣れた同僚
に聞くことから進めていくのもよいでしょう。すると自然に，「使わないと
いけない」から「使ってみよう」と自分自身がそう思えるようになります。
「先進的な活用を」と慌てるのではなく，小さなことから始める，できるこ
とから始めるというスタンスが大切だと実感しました。

3 社会科で1人1台端末が最も活躍する場面はどこか

　日常的な活用が進んでいくと，自然と端末活用の基礎体力がつき，基本ス
キルも身につき始めます。今まで紙とノートをベースに進めていた社会科の
学習展開を，デジタルに置き換えていくようになりました。そして，授業の
導入から終末までを端末でやり通す授業が増えるようになりました。そんな
時に，ふと考えたことがあります（図5）。

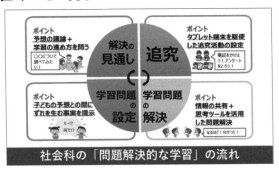

図5　社会科で1人1台端末が活躍する場面はどこか？

　本書を手に取っている多くの先生方は，すでにICT（1人1台端末を含む）を活用した社会科授業を実践されていると思います。くり返しになりますが，皆さんが「社会科で1人1台端末が活躍する場面はどこでしょう？」と問われたら，どの場面を選ぶでしょうか。

　私は，

○追究する場面（社会的事象に関する様々な情報を集め，読み取り，まとめる）

でした。単純に使用頻度が高かったからですが，子どもの姿から理由づけをするならば，ICTで様々な情報を「集める」「読み取る」「まとめる」ことがしやすくなるからです。

　例えば，社会的事象に関する様々な情報を「集める」場面。社会科でよく見られる校外学習では，これまで見学カードなどにメモをとることがほとんどでした。しかし，タブレット端末の写真機能や録画機能を使うだけで，早く手軽に情報を集めることができるようになります（写真1）。

写真1　校外学習先で情報を「集める」

　他にも，校内で行う電話を使ったインタビュー調査の場面においても，そこから得た情報を知るためには，電話をかけた子どものメモなどに頼らざるを得ませんでした。もしその電話の声をスピーカーで流したり，さらにその内容を録音したりすることができたらどうでしょう。これまでは伝わりづらかった情報を正確に知ることができるようになります（写真2）。

写真2　電話の声をスピーカーで流し，録音する

　このように，タブレット端末に搭載されている写真・録画機能や録音機能を使って記録するだけでも，効率的に情報を集めることが可能となり，これまでは見えにくかった情報を可視化することができるようになりました。

　それを，第3章で紹介した附属新潟小式「ICT活用デザインフォーム」に表すと，次のようになります（図6）。

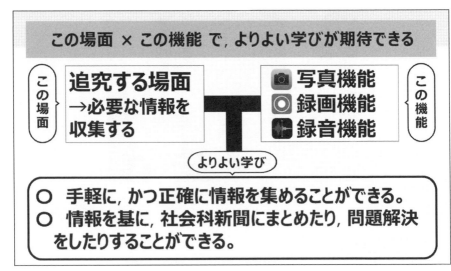

図6 「追究する場面」における活用をデザインフォームで表す

そして，それらの正確な情報を基に，プレゼンテーションやデジタル社会科新聞などにまとめたり（写真34），学習問題に対する自分の答えを明確にしたりすることも可能になりました。

同時に，子どもたちの「社会的事象について調べ，まとめる技能」もどんどん高まっていきました。私にとってICTが最も活躍する場面が，学習問題を追究する場面でした。

写真3　資料を基に，端末上で新聞にまとめる

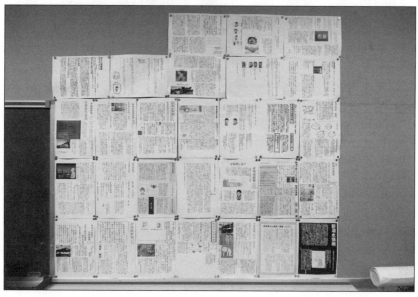

写真4　印刷して掲示すれば，クラスのデジタル社会科新聞のできあがり

4 社会科× ICT で効果的な活用を目指す

活用から４年が経過した今は，附属新潟小式「ICT 活用デザインフォーム」を念頭に描きながら実践に取り組むようにしています。社会科における「この場面×この機能＝よりよい学び」というフォームを常に意識することで，ICT を使うことを目的とせずに，なぜそれを使うのかを自分の中で明確にもつためです（図7）。そして，子どもたちに育みたい資質・能力の育成や，目指す子ども像の具現につなげるようにしています。

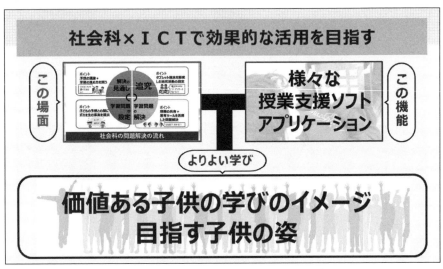

図7　社会科× ICT で効果的な活用を目指す

第3章「Mori Project ～森林とともに生きる～」では単元としてのデザインフォームの活用を紹介していますが，例えば次のように，一単位時間における具体的な場面で活用していくこともおすすめです（図8～11）。

212

図8　ロイロを活用した5年生の実践

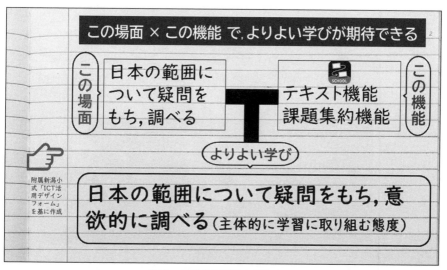

図9　効果的な活用を構想する

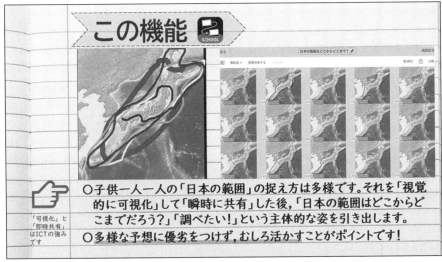

この機能

○子供一人一人の「日本の範囲」の捉え方は多様です。それを「視覚的に可視化」して「瞬時に共有」した後,「日本の範囲はどこからどこまでだろう?」「調べたい!」という主体的な姿を引き出します。
○多様な予想に優劣をつけず,むしろ活かすことがポイントです!

「可視化」と「即時共有」はICTの強みです

図10　ロイロで「可視化」と「共有」

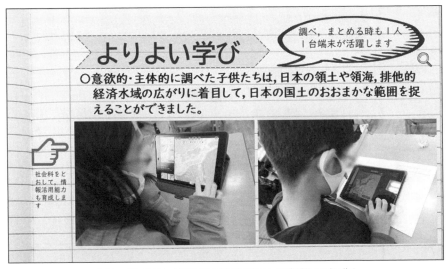

よりよい学び

調べ,まとめる時も1人1台端末が活躍します

○意欲的・主体的に調べた子供たちは,日本の領土や領海,排他的経済水域の広がりに着目して,日本の国土のおおまかな範囲を捉えることができました。

社会科をとおして,情報活用能力も育成します

図11　「主体的に学習に取り組む態度」の育成につなげる

また，現在はロイロ以外の授業支援ソフトやアプリケーションにも挑戦するように心がけています。例えば，Google が提供している，世界中の地理空間情報を表示するアプリ「Google Earth」は，地球の全地域をほぼ網羅した衛星写真データが収録されていて，地点の移動や接近，眺める角度の変更などを端末上で自由に行うことができます。そのため，学習対象が同心円的に拡がっていく社会科において非常に便利です。5年生で実践した「2分間限定　オンライン旅行に出かけよう」の実践を以下に紹介します（図12〜15）。

図12　「Google Earth」を活用した5年生の実践

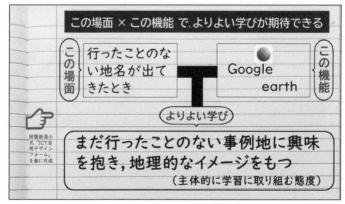

図13　効果的な活用を構想する

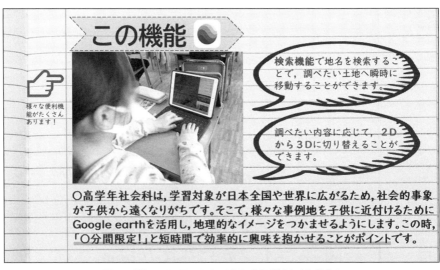

図14 「Google Earth」で事象を子どもに近づける

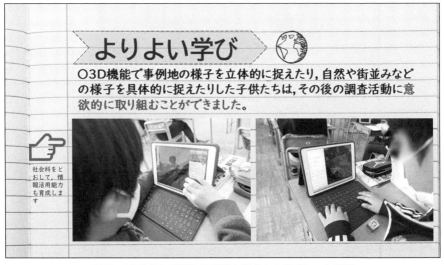

図15 「主体的に学習に取り組む態度」の育成につなげる

このように附属新潟小式「ICT活用デザインフォーム」を思い描きながら効果的な活用を目指していくことで，様々な実践を積み重ねていけるようになりました。

　活用初期の私を振り返ると，授業支援ソフトやアプリを先に固定して，社会科の様々な場面においてなりふり構わず使用していました。今思えば，ICTを使うことが目的となっていたなと，反省することが多々あります。しかし，手段使いではなく目的使いをしてしまっていた過程も無駄ではなかったといえる自分がいるのも事実です。今，社会科での効果的な活用が少しずつできるようになってきているのは，その時の「はいまわり」や「悪戦苦闘」，「試行錯誤」があったからだと思うからです。

　GIGA社会の道があるとして，「最短距離を最短時間で」行くことも大切かもしれませんが，これまでの「はいまわり」「悪戦苦闘」「試行錯誤」が，私をたくましくしてくれる糧になったと思います。

　「社会科の本質を外さない授業にするためのポイントは？」と聞かれたら，私は次のように答えます。

○授業全体で網羅的にICTを活用するというより，授業場面ごとにICTを意図的・効果的に活用することが大切です。
○その根底にはいつも「子どもたちのよりよい社会科の学びにつながるのか」という授業者の自問自答が必要です。

　そして，「これまでの社会科授業のよさと1人1台端末の利点とを融合させた授業の具体」が第2章から第3章までに紹介した実践となります。

5 デジタルとアナログ —ある教育実習生の振り返りから—

　ここで，私のクラスに来てくれた教育実習生の振り返りの記述を紹介します。

現場では様々な場面で ICT が活用されていることを知り，とても驚いた。実際に使ってみて，よい点がたくさんあり，いろいろな活用方法があることを知った。

　よい点として，子どもの思考を支えるツールという点である。（途中省略）ICT を活用することで，今まで通り過ぎていたことを可視化することができ，新しく気づくことや，考えを深めるきっかけとなっていることがわかった。もう 1 つのよい点として，授業準備が簡単になるということである。（途中省略）また，子どもの思考に合わせて様々な教材を用意することもでき，教材の幅も広がると考えた。

わずかな実習期間を通して，学習者と指導者の視点から ICT のメリットを的確に捉えることができています。

そしてこの振り返りは，次の文章で綴じられていました。

　たくさんの便利な点もあるが，子どもたちの ICT の利用方法をきちんとする必要性や，アナログでやった方がよいことなどもあるため，うまく ICT を活用していきたいと考える。

この時，「社会科×1人1台端末」の活用に傾斜していた私は，下線部分にはっとさせられました。うまく表現ができないのですが，私の社会科観，ICT 教育観に警鐘を鳴らされている気がしたからです。

　どうして下線部のように感じたのか，率直にその問いを実習生にぶつけてみました。すると，私の授業を見ながら「ゲストティーチャーを呼んだり，体験活動をしたりした時の子どもの反応が楽しそうで，意欲的で，新鮮だったから」「1人1台端末をデジタル，ゲストティーチャーを呼んだり体験活動を設定したりすることをアナログとするならば，社会科の授業はそのデジタルとアナログの組み合わせが大事だと思った」と，その理由を教えてくれ

ました。

　何気なく設定していたアナログ的な学習をこのように価値付けてもらえるとは思いませんでしたが，実習生の瑞々しい気づきと価値付けが，今後の私の社会科の実践を豊かにしてくれることは間違いありません。

　端末活用を通してデジタルコンテンツを活用したり，情報にアクセスしたりする活動を設定することももちろん大事です。しかし，だからと言って体験活動や見学活動を減らしていくのではなく，むしろ直接体験の充実につなげていく視点が，これからの社会科の授業づくりに必要になってくるのだと気づかされました。

　次の写真は，稲作単元の際に設定した稲刈り体験（写真5）と，自然災害単元で設定した降雨体験（写真6）の1コマです。当然ですが，子どもたちはいきいきと学びます。そして，体験で得たことと，これまでの生活体験や既習とをつなげながら，自分の中にある知識をさらに豊かにしていきます。今後 GIGA スクール構想がどんどん浸透していったとしても，観察や見学などの調査活動を含む具体的な体験を伴う学習は大切にしていきたいという思いを強くしました。

写真5　稲刈り体験

写真6　降雨体験装置で昭和57年7月の「長崎豪雨」を疑似体験

　このような経緯もあって，「はじめに」で紹介した端末の利活用に向けた
チェックポイントに，下線にある4つ目がつけ足されるようになりました。
今，私が考える「端末を活用した授業づくり」の4つの視点です。

○1人1台端末の活用によって，子どもが資質・能力を身につけること
　につながっているか。
○ICT端末等を活用するための授業展開や活動にとどまっていないか。
○ICT端末等を使う場面を適切に見極め，効果的に活用しているか。
○各教科・領域における具体的な活動や直接体験が後回しにされていな
　いか。

6 おわりに

　1人1台端末を活用した社会科授業をスタートして約4年。立往生から始まり，様々な紆余曲折を経て，今の私がいます。

　端末を通しても，直接体験を通しても，社会を見ることはできます。前者を流行（デジタル），後者を不易（アナログ）とするならば，流行と不易，デジタルとアナログの両方のよさを理解した上で，これから求められる令和の日本型教育を進めて行こうと思う自分がいます。

　「すべてを端末で行うのがいいとは限らない」ということは大切な気づきだと思う。端末であらゆることができてしまう今だからこそ，実際に自分の足で赴く経験が減ってしまうおそれがある。社会の教員になったら，子どもたちにたくさんの機会と経験を提供し，幅広い社会の知見をもつ子どもを育てていきたい。

　私の講義を受講してくれた学生の振り返り記述です。日本の未来は明るいと思うとともに，私も自分の社会科授業を常にアップデートしていこうと思いました。これまでの実践と ICT とを最適に組み合わせ，今後も子どもたちにとって豊かな社会科授業を提供できるように，一歩ずつ歩みを進めて行きたいと思います。

（椎井　慎太郎）

【参考資料】
・平井聡一郎 編『GIGA スクール構想で進化する学校，取り残される学校』教育開発研究所，2021年
・佐藤明彦『GIGA スクール・マネジメント』時事通信社，2021年
・汐見稔幸『教えから学びへ　教育にとって一番大切なこと』河出新書，2021年
・鈴木利典『子どもたちは未来の設計者　東日本大震災「その後」の教訓』ぱるす出版，2021年
・新潟大学附属新潟小学校初等教育研究会『GIGA スクールに対応した全教科・領域の授業モデル』明治図書，2021年

2　子どもと共に試行錯誤を重ねた1年間

　ここでは，1人1台端末が実現してから現在に至るまで，どのように試行錯誤してきたのかを端的に述べていきます。社会科授業の方法やあり方の変化をわかっていただけると幸いです。

1　1人1台端末が実現して

　本校では，2020年9月18日に全員端末（iPad）を持参し，学校生活で使用するようになりました。5年生「米づくりのさかんな地域」の単元の学習を，右図のような進め方で行いました。

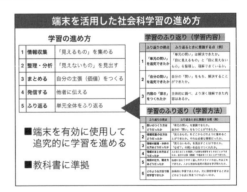

　その際，以下の4点を教師側の留意点として意識しました。

○単元を「自分たちで追究的に学習を進めながら概念的知識を獲得する」ことを目的とする。

○端末操作に慣れさせ，プレゼン等の技術の獲得も目的の1つとする。

○問題解決的な学習方法の獲得を意識する。

○端末のインターネット検索のみでは拡散することを踏まえて，教科書に準拠する。

1 情報収集

2 整理・分析

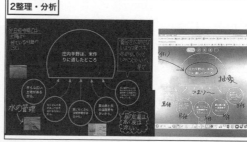

3 まとめる

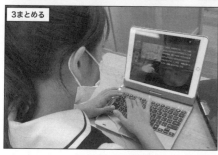

4 発信する

5 ふり返る （学習内容）

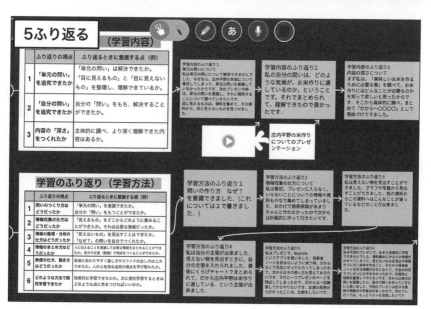

	ふり返りの視点	ふり返るときに意識する点（例）
1	「単元の問い」を追究できたか	「単元の問い」は解決できたか。「目に見えるもの」と「目に見えないもの」を整理し、理解できているか。
2	「自分の問い」を追究できたか	自分の「問い」をもち、解決することができたか。
3	内容の「深さ」をつくれたか	主体的に調べ、より深く理解した内容はあるか。

学習内容のふり返り1
単元の問いについて
私は単元の問いについて解決できませんでした。なぜなら、庄内平野の気候については着目してしまって、目に見えない部分があったからです。次のプレゼンでは、単元の問いを意識し、それに関係することについて調べていきたいです。
目に見えるものは、資料を集めて、その資料から、目に見えないものを見つけました。

学習内容のふり返り2
私の自分問いは、どのような気候が、お米作りに適しているのか、ということです。それでまとめられて、理解できたので良かったです。

学習内容のふり返り3
内容の深さについて
まず私は「美味しいお米を作るために必要な事」を調べて、お米作りにはどんなことが必要なのかを知って欲しいと思ったからです。そこから具体的に調べ、まとめて「だから〜○○○」として理由づけできました。

庄内平野の米作りについてのプレゼンテーション

学習のふり返り（学習方法）

	ふり返りの視点	ふり返るときに意識する視点（例）
1	問いのつくり方はどうだったか	「単元の問い」を意識できたか。自分の「問い」をもつことができたか。
2	情報収集の仕方はどうだったか	「見えるもの」をどこからどのように集めることができたか。それは必要な情報だったか。
3	情報の整理・分析の仕方はどうだったか	「見えないもの」を見出すことはできたか。
4	情報のまとめ方はどうだったか	人に伝えるために必要な情報をまとめることができたか。
5	発信の仕方、聴き方はどうだったか	相手に伝わりやすく話し方やスライドの出し方は工夫できたか。人から有効な追究の視点を学び取れたか。
6	どのような方法で探究学習できたか	効果的に学習できたか。次に探究学習するときはどのような点に気をつければいいのか。

学習方法のふり返り1
問いの作り方　なぜ？
を意識できました。（これについては2で書きました。）

学習方法のふり返り2
情報収集の仕方について
私は最初、プレゼンに入らなく、いらないことについての情報や資料ばかり集めてしまっていたので、おかげで発表原稿があまりちゃんと作れなかったので次からは計画的に作って行きたいです。

学習方法のふり返り3
私は見えない物を見出すことができました。グラフや写真から見出すことができました。前の資料からこの資料にはこんなことがあっているなどのことが出来ました。

学習方法のふり返り4
私は自分の主張が出来ました。keynote、keynoteというアプリを使いました。発表者は、見えない物を見出すときに、自分の主張を入れられました。最後にくらげチャートでまとめられて、だから庄内平野は米作りに適している、という主張が出来ました。

学習方法のふり返り5
私はプレゼン、keynoteというアプリを使いました。発表者ノートを見ないように使う時、分からなくて見てもらってしまった時に、次からはその使い方を見ておきたいです。それと一つプレゼンのページを一回練習してからやりたいです。友達の発表から分かったことは、比較をしたいです。

学習方法のふり返り6
私は今回のプレゼンで、あまり効果的に学習できませんでした。資料集めにかなりの時間がかかってしまって、見えないものを見出す時間やプレゼンに入れる情報や資料集め、発表者ノートを含る時間がかかってしまってプレゼンにのぞむのがおそかったので、計画的に時間を使っていきたいです。でも自分で見出せていたものもあったので、それは今回のプレゼンは自分なりの資料の完成度が高かったので、次のプレゼンは、もっとベストを目指したいです。

授業の詳細は『GIGA スクール構想で変える！１人１台端末時代の授業づくり２』に掲載しています。ご参照ください。

　実践を終えての成果と課題は以下の通りでした。

●成果

・情報の集め方→整理の仕方→まとめ方……という，汎用的に使える学習方法の獲得ができたこと。

・端末の操作，プレゼン能力の向上が向上したこと。これらは朝の会や総合，他教科でも適用できるスキルとなったこと。

▲課題

・多くの時間を必要とすること。

・社会科の本質としての概念的知識の獲得や，そのための「問い」の質が十分ではなかったこと。

　方法論的な側面では十分な成果がありましたが，内容論的な側面では多くの課題が見つかりました。

　しかし，確実に子どもも私も大きな可能性を感じた時間でした。「あんなこともできる」「こんなことをやってみたい」ということがたくさん出てきました。子どもに委ねていくことを増やしていこうと感じました。それと共に，こちらが伝えるところはしっかり伝えるべきだと感じた時間でもありました。

2 授業の改善を考える

　反省を踏まえて，問題解決的な授業の見直しをしました。概念的知識を自ら自己調整しながら獲得していくプロセスを踏まえるという点についてです。

　子どもの「問い」を意識した授業を再確認しました。「問い」には質があり，「問い」によって獲得できる知識

は違います。

　つまり，「問い」によってどのような知識を導き出せるのかを子どもたちに明示的に示すことが重要だと感じました。そして，教師自身が単元全体としてどのような「問い」の流れでどのような知識を獲得できるのかを捉える必要性を感じました。

　それらを踏まえ，

1　「問い」を意識すること
2　知識を明示的に示すこと
3　単元全体を俯瞰すること

が重要だと考えました。

　「問い」については，右の表をもとに，社会的な見方・考え方を働かせた問いと，それによって獲得される知識の関係を再確認しました。

類型	社会的な見方（視点）			獲得できる知識
	位置や空間的な広がり	時期や時間の経過	事象や人々の相互関係	
知るための問い When Where Who What How	どこで広がったのか どのように広がっているのか	何が変わったのか どのように変わってきたのか	だれが生産しているのか どのような工夫があるのか	事実的知識
分かるための問い Why (How) (What)	なぜこの場所に広がっているのか	なぜ変わっているのか	なぜ協力することが必要なのか	概念的知識
関わるための問い Which	さらにこの場所に広げるべきだろうか	どのように変わっていくべきなのだろうか	共に協力する上でAとBとどちらが必要だろうか	価値的・判断的知識

（澤井陽介・加藤寿朗編著(2017)：見方・考え方 社会科編, 東洋館出版社, を参考に筆者作成）

　また，子どもたちにも右の表をロイロで手渡し，常に意識できるようにしました。

分類	見方（視点）			獲得できるもの
	場所	時間	関係	
知るための問い いつ？ どこで？ だれが？ 何を？ どのように？	どこで広がったのか どのように広がっているのか	何が変わったのか どのように変わってきたのか	だれが生産しているのか どのような工夫があるのか	目に見えるもの 事実
分かるための問い なぜ？ そもそも何？	なぜこの場所に広がっているのか	なぜ変わっているのか	なぜ協力することが必要なのか	目に見えないもの 意味 特色 想い 願い
判断するための問い どちらが～？ ～するべき？	さらにこの場所に広げるべきだろうか	どのように変わっていくべきなのだろうか	共に協力する上でAとBとどちらが必要だろうか	

3 問題解決的な学習の中で端末を効果的に使う

　その後に学習した「水産業のさかんな地域」「これからの食料生産」「くらしや産業を支える工業生産」「自動車工業のさかんな地域」などの単元は，一斉授業を中心に行いました。その中で意識したことは，上記の３点に加え，

　　端末を使用する場面を限定すること

でした。

　問題解決的な学習の中でどのような使い方が効果的なのかを探る感じでした。子どもはもちろん，私自身も手探り状態で行った実践です。

　「水産業のさかんな地域」実践の詳細は，第３章に記載しています。この実践を通して子どもたちは，感覚的に様々な使い方ができそうだと感じていました。

　くり返しになりますが，

　・候補を絞ってインターネットで調べること
　・資料を端末にストックすること
　・資料に自分の考えを書き込むこと
　・カードの色を変えることで明示的に示すこと
　・思考ツールを有効活用すること
　・資料箱から資料を自己選択すること
　・〈振り返り〉をロイロ上で共有すること

など，今後も有効に学んでいく具体的な方法やスキルを獲得していきました。

　「水産業のさかんな地域」の実践では，特に「知識を明示的に示す」ということを強く意識しました。端末活用ありきではなく，社会科の本質である

概念的知識の獲得を子どもと共に再確認したかったからです。

　その他，「これからの食料生産」の単元では，話し合いをする際の自分の立場を明確にするために，思考ツールを使用しました。

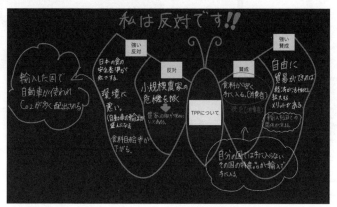

　「くらしや産業を支える工業生産」の単元では，それぞれの考えをロイロ上で共有しながら話し合いました。発言する子だけでなく，全員の意見を共有しながら議論できるよさを十分に感じました。

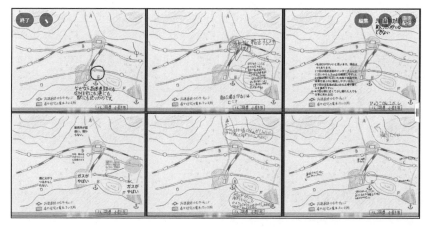

　「自動車工業のさかんな地域」の単元では，学習問題への予想を出し合い，予想を端末上で分類しました。そこから学習計画を立てていきました。

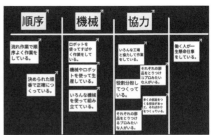

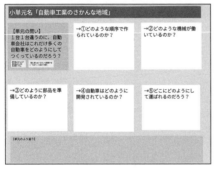

学習計画に沿って，子どもたちと話し合いながら左図のようにロイロ上でカードを並べていきました。

これが，「単元の流れを１つのシート上に置けば，子どもたちがそれぞれ自由につくりかえながら学習を進められるのでは？」という「単元表」の発想につながりました。

左図のようにシンプルな形になりました。

以上のように，「話し合う場面」「学習計画を立てる場面」「学習を進める場面」など，様々な単元を通して効果

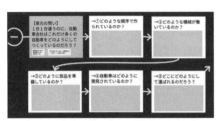

的に使用できる場面を子どもたちと共に考えていきました。

問題解決的な学習過程である，

①つかむ場面
②調べる場面（調べる＋話し合う）
③まとめ・振り返る場面
④いかす場面

のどこで効果的に使えるかを模索している感じでした。

228

4 単元内自由進度学習

「未来とつながる情報」の単元では，1970年代に愛知県東浦町立緒川小学校が開発した「単元内自由進度学習」に則って学習を進めました。

端末を活用しながら社会科として大切にするべきことを確認してきたので，再度子どもたちに大きく委ねることにしました。

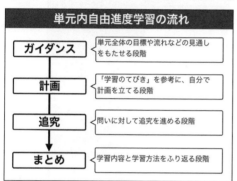

自由進度学習の流れは，基本的に「①ガイダンス→②計画→③追究→④まとめ」の4段階となっています。その基本的な考えを踏まえた学習を計画しました。

この学習で重要なのは，「ガイダンス」の段階です。ここで子どもたちは，「この単元で何を学ぶのか」「追究するべき問いは何か」「単元のゴールではどんな姿になるべきか」「どのようなプロセスで学ぶべきなのか」などを把握します。ここで見通しをもたせることが重要だと考えました。

見通しをもった上で自分で立てた計画に沿って，自己調整しながら学びを進めていくことです。それができるように「単元表」を効果的に活用していこうと考えました。

「①ガイダンス，②計画」では，

・過去と現在の情報入手方法の変化

・デマなどの情報によって人々が影響されること

・無人レジなど，情報の活用によって人々の生活が変化していること

などの事例を提示し，興味関心を高めさせ，「実際，自分たちの身の周りではどうなのだろう？」という問いを引き出しました。

そこから「学習問題（単元の問い）」を設定しました。

> 情報は，私たちの生活にどのような影響を与えているのか？
> 情報は，私たちの生活とどのように関わっているのか？

　人々と情報の関わりや情報がどのように生活を変化させているのかを捉える学習問題となりました。

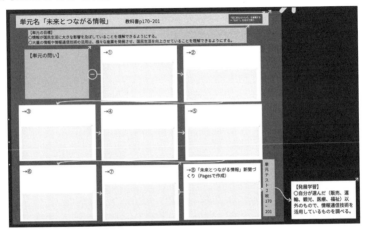

　上図のような「単元目標」「まとめの方法」「単元テスト」「発展学習」が明記されている「単元表」を子どもたちに手渡し，「学習のてびき」を参考に枠ごとに問いを入れていきます。この時に意識させることは，どのような問いを立てると，単元の問いが解決しそうなのかを考えさせることです。

　この単元では，自由に教室内を動き，自分が選択した場所で学びを進める

ようにしました。友達に訊くのもよし，教師に相談するのもよし，様々な形で学べるようにしました。端末を見せ合いながら学習を進めたり，友達からほしい資料をデータでもらったりと，協働的に学びを進める姿が見られました。

　また，途中経過でもロイロの提出箱に単元表を提出させ，共有するようにしました。それをじっくりと見ながらヒントを得る子もいました。

　右記の「単元表」赤枠のように，少しずつ自分自身で「なぜ？」という問いをつくりながら「目に見えない意味や特色」を意識して調べていくようになりました。

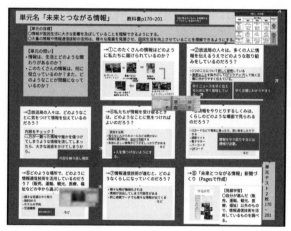

　実践しての成果と課題は以下の通りです。

●成果
・子どもが進んで学習を進めていたこと。
・教師が子どもの学びをじっくりと見取ることができたこと。
・前回の反省を生かして，「目には見えないもの」を見出すところを意識していたこと。
・1つの単元を自分で進めていく喜びを感じられたこと。

▲課題
- 自分で学習を進めることが難しい子もいたこと。
- まだまだ掘り下げて調べることができないこと。
- 課題に対する関わり合いが十分でないこと。

などでした。

ロイロのアンケートでとった子どもたちの感想には，以下のようなものがありました。

- 自由に進度を決めながら学習するのでやりやすい。
- 友達と相談しながらできるのではかどる。
- 自分で「問い」をつくりながら学習を進めることが楽しい。
- 自分で調べていくのが苦手なので難しい。
- みんなで１つの「問い」について考えた方がいろんな意見がきけて楽しい。

などです。

　自分で「問い」をつくるという楽しさがあるから自分で調べて学習する方法が好きだという子もいます。１つの「問い」に対してみんなの様々な意見が出る楽しさがあるから一斉授業でやる方が好きだという子もいます。

　このように，子どもそれぞれによってやりがいや感じる楽しさは違います。だからこそ，毎回の学習後に「今回の学習はどうだった？」「次はどんな感じでやってみたい？」と子どもたちに訊いたり，相談したりしました。目の前の子どもに合った学習方法をその都度模索するべきだと感じています。

　子どもにとって適した学習方法は違います。「個別最適な学び」とは何なのかを強く意識しはじめた実践となりました。

「産業を支える運輸」の単元目標は，「ニトリの輸送方法の特色について調べる活動を通して，運輸が工業生産を支える重要な役割を果たしていることについて理解できるようにする」でした。本実践の詳細も『GIGAスクール構想で変える！1人1台端末時代の授業づくり2』に掲載しています。

●「学習の個性化」を意識

ニトリを事例とした教材研究の概要は以下の通りです。

本単元では，全員で追究する問いが解決した後に，子どもたちの興味・関心に基づく問いについて調べる時間を多く充てました。

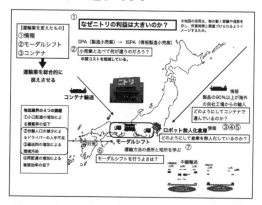

右下図のように①②③は「単元の問い」に基づいて全員で立てた「本時の問い」です。④⑤⑥⑦⑧は自分の興味関心に基づく問いです。つまり，①②③は一斉授業を中心に学習していきました。④〜⑧は個別学習として自分のペースで「自分の問い」を追究していきました。追究に充てる5時間という時間は予め設定し，後は自由進度的に学習時間や学習方法を自分で選んで学習を進めました。

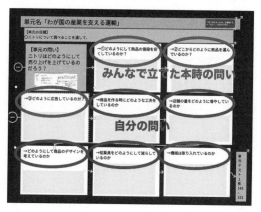

右記は子どもの「単元のふり返り」です。その中に，「自分の問いも同時に調べていくことができて達成感もありました」とあります。この点は，その子の興味・関心に応じて調べ，解決ができたという達成感を読み取ることができます。

　また，「全員で考えたり友達に聞いたりネットで調べられたから単元表が作りやすかったです」とあります。これは，自分の学びやすい学習方法について考えられた点といえます。

　最終的に最適な学びであったかどうかは，子ども自身が決められることが望ましいです。学習方法や学習してきたプロセスを振り返り，それをくり返すことで自分にとっての最適な学びを見つけてほしいと感じました。そのためには，できるだけ子どもが選択したり決めたりできる場面を増やしていくことが重要だと考えました。

　しかし，いきなりすべてを子どもたちが選択し，決めることは難しいです。今回の単元では，単元全体の中で一斉授業と個別学習の時間を組み合わせながら単元としてデザインする方法でした。ゆるやかに個別最適化していく感じです。

　ここでの実践が，第3章の「新型コロナウイルスから私たちの生活を守る政治」の実践につながっています。

6 端末導入から振り返って

■ 学び方について（iPadの導入も関して）
メリット
iPadを使うことで先生一人だけしか持っていなくて前でしか見ることができなかった情報や資料がみんなが直接見て共有できるようになった。手元にあるiPadで資料を見ることができるからその分じっくり見れて学びが深まったと思う。
単元表のようにノートや資料を一度に全てまとめてみれるからいい。
デメリット
みんながiPadに夢中になってしまって質問を聞いていない時があった。
iPadに慣れている人はpagesやkey noteは早いけどそこまで慣れていない子はゆっくりなど差が目立つと思う。

■ 1年間の社会科授業での学びや気づき、感想　など
今まで、世界で起きていることや社会関連でそこまで興味を示さなかったけどこの社会の授業で習ったことなどがニュースで出た時は関心を持つようになりました。
一年間社会を学んでたくさんの視点を見つけることができました。私は獲得した比較、メリット・デメリットなどを日常で活用したいです。
もうすぐ6年生になります。6年生では歴史をよく学ぶと聞きました。一つ一つの事を深く考えて、日本や世界の歴史を知りたいです。

【獲得した視点】
・比較
・メリット　デメリット
・問いかけ
・時間軸で見る
・関連付け
・分類
・焦点化
・多角的に見る（立場）

■ 1年間の社会科授業での学びや気づき、感想　など

5年生の社会科の授業では、見える問いはもちろんのこと、見えない問いを特に大事にしてきたなと思います。
人々の目には見えない工夫や努力などをたくさん見つけることができました。6年生になっても、"問い"を大切に社会の授業を受けていきます。

■ 自分の「問い」をふり返って

私の問いは、「なぜ」「どのように」「どのような」などがかなり多いなと思いました。2学期に振り返った『問い』。その振り返りに書いた「授業中に問いをあんまり考えられていない」ということに3学期は気をつけて授業を受けることができたので、そこは良かったなと思いました。6年生になっても、見える問いと見えない問いを大事にしていきたいです。

以上は，子どもたちの声の一部です。

端末が導入されて，多くのことを意識し，メリットやデメリットを子ども自身が感じた半年間となりました。

右のノートをご覧ください。ノートをデータとして取り込み，すべて端末上で構成した子どものノートです。

インターネットや教科書で調べたことを書き，画像を取り込み，様々な情報を1つのノートに整理してまとめています。授業の中で，

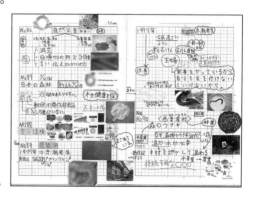

書く，画像を検索する，画像を取り込む，構成する，という活動が行われています。そういう授業になるとどうなるのか。p.235の子どもの声の中にもありますが，子どもたちは人の話を聞かなくなります。あまりにも多くの学習活動が同時に行われ，端末の操作に精一杯になっているからです。結果，検索や処理能力などの速い子のみが発言するようになり，子どもたちの関わり合いが減りました。

　私自身の「授業観」や「あり方」を揺さぶられました。幸い，次年度も6年生担任として引き続きこの子たちと授業をすることができました。ここから得た反省を生かしながら，6年生の社会科学習を進めることになりました。

7 任せることを増やす

　6年生になり，政治の学習がはじまりました。5年生の終盤に引き続き，「個別最適な学び」を意識した実践を行いました。第3章に掲載している「新型コロナウイルスから私たちの生活を守る政治」の実践です。単元全体の中で一斉授業と個別学習の時間を組み合わせながらゆるやかに個別最適化していく実践でした。

　引き続きこの子たちと社会科授業ができることになった新年度から，できるだけ子どもたちに任せることを増やしていこうと考えていました。6年生の2学期から，具体的に行っていきました。

　例えば，次のような実践，「武士の政治がはじまる」の単元です。

　単元のゴールを子どもたちと確認します。

　そして，右図のような単元のプロット図を子どもたちに渡し，自分たちで授業を進めるにはどんな問いが必要か考えさせました。

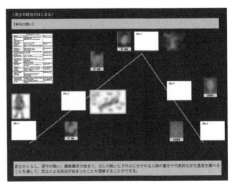

適した問いを調べる中，個人で予想をしたり，人に解説をはじめたりする子もいました。

　自分でプロット図を変えて，関係性をわかりやすくしている子もいました。

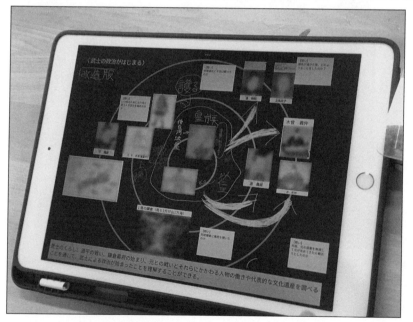

　少しずつ，自分が学びやすいように創り出せるようになった気がします。
　子どもたちが出してきた問いをもとに授業をデザインしました。
　板書を子どもたちに任せたり，子どもと共に授業を進めたりする場面も設

けました。子どもたちが自分の端末から資料をミラーリングして説明したり，問うたりしています。

　もちろんすべてがスムーズにいくわけではありません。しかし，子ども同士が問うたりしながら授業を進めていくことは，今後の授業のあり方として重要だと感じていました。
　教師の発問で動く受け身の学習ではなく，子どもたち自身の自発的な学習。子どもたち自身が問題をもち，子どもたち自身の力でそれを解決しようとする学習。子どもが発問し合う学習です。個別学習の時は自分自身に自問し，

そして学び合う場面では，問いかけ合いながら調整していくような学習です。自ら「する」学習といえます。

　歴史学習がはじまってから，板書を子どもに任せることをくり返してきました。子どもが自分たちで板書できるようになると，授業の構成をつかめるようになります。

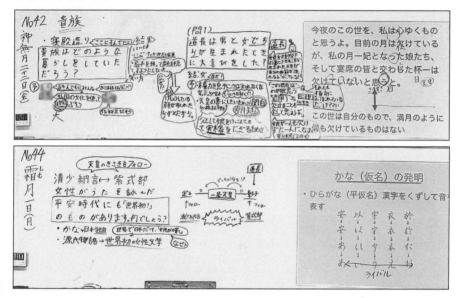

　板書の内容を見ていると，書いた子の個性が出ています。それと共に，私が大切にしていることやくせが色濃く出ていることもありました。私の授業のあり方が，子どもの学習のあり方に大きく影響しているということを強く感じた場面でした。

　子どもがもつ端末と教材，教室にある環境をフル活用して，子ども自身が学びの時間と空間を創り出す学習を模索していきたいと感じています。

8 悩み迷い歩み続ける

　端末導入からここまでを概観することで，悩み，迷い，模索しながら進めていることがわかっていただけたと思います。多くの失敗をくり返し，悩みながら現在進行形で実践をくり返しています。きっとベストな方法はありません。目の前の子どもたちに合わせながら，子どもたちと共に歩むしかありません。

　1人1台端末が実現してから，確実に私自身の授業観は変わりました。もう端末は特別なものではなく，あるのが当たり前です。方法論からはじまるのではなく，あるべき社会科授業をどれだけ豊かにできるかという視点が必要です。社会科という教科の本質をおさえつつ，子どもにとって最も学びやすい方法を子どもと共に模索していくことが，よりよい授業観，子ども観につながると感じています。

　きっとこれからも子どもの姿や学びのあり方によって大きく揺さぶられ，試行錯誤を重ねる日々となります。「子どもの学びをもっとおもしろく。もっと本質的に。もっと豊かに」ということを常に頭に置き，子どもと共に歩み続けていきたいものです。

（宗實　直樹）

【参考資料】
・樋口万太郎・宗實直樹・吉金佳能『GIGA スクール構想で変える！1人1台端末時代の授業づくり2』明治図書，2021年
・木村明憲 著／黒上晴夫・堀田龍也 監修『単元縦断×教科横断　主体的な学びを引き出す9つのステップ』さくら社，2020年
・木下竹次『学習原論』1923年
・豊田久亀『明治期発問論の研究　授業成立の原点を探る』1988年
・横山栄次『教授法の新研究』1910年
・村田辰明 編著『テキストブック　授業のユニバーサルデザイン　社会』授業 UD 学会，2021年
・宗實直樹『社会科の「つまずき」指導術』2021年
・愛知県東浦町立緒川小学校『個性化教育へのアプローチ』1983年

・愛知県東浦町立緒川小学校『自己学習力の育成と評価　続・個性化教育へのアプローチ』1985年
・小山儀秋 監修／竹内淑子 著『教科の一人学び「自由進度学習」の考え方・進め方』2019年
・久野弘幸 監修／愛知県東浦町立緒川小学校 著『改訂　個性化教育30年　緒川小学校の現在』中部日本教育文化会，2008年
・加藤幸次・安藤慧『個別化・個性化教育の理論』黎明書房，1985年
・山崎林平『社会科個別指導入門』明治図書，1985年
・加藤幸次『個別化教育入門』教育開発研究所，1982年
・加藤幸次・高浦勝義 監修／全国個性化教育研究連盟 著『個性化教育実践ハンドブック』学陽書房，1992年
・『授業 UD 研究№10』授業 UD 学会，2020年
・北俊夫 編著『小学校社会科「新内容・新教材」指導アイデア』明治図書，2018年
・似鳥昭雄『ニトリの働き方』大和書房，2020年
・似鳥昭雄『ニトリ　成功の５原則』朝日新聞出版，2016年
・村田辰明 編著／社会科授業 UD 研究会 著『実践！社会科授業のユニバーサルデザイン　展開と技法』東洋館出版社，2019年
・宗實直樹『宗實直樹の社会科授業デザイン』東洋館出版社，2021年
・宗實直樹『深い学びに導く新発問パターン集』明治図書，2021年

おわりに

　子どもたちが初めてICT端末を手にし，共にワクワクしながら社会科学習を進めた2年前を懐かしく思います。「こんなことができるんだ」「あんなこともやってみたいな」と，ああだこうだといいながら過ごした日々でした。そこでは，「子どもから働きかける姿」をたくさん見ることができました。「一歩先の学び」を実現してくれる1人1台端末環境への期待感が高まりました。その期待感をもちながら，実践を重ねました。

　本書では，これらの実践をもとに，1人1台端末を活用する社会科授業デザインについて提案しました。ICT端末をどのように使うかということはもちろんですが，授業をどう変えるのか，学びをどう豊かにするのかという発想を大切にしました。

　ICT端末を活用した実践を進めながら考えてきたことは，今まであった「当たり前」についてでした。例えば「板書」「ノート」「発問」など……。「あり方」が大きく変わるのではないかと感じました。「本当にこれは必要なのか」「この意味は何なのか」など，今までやってきたことを再確認することが多くなりました。1人1台端末環境が実現し，できることが大幅に増えたと共に，様々なことを振り返る機会となりました。その分，迷い，悩み，立ち止まることも多くなりました。

　上田薫（1986）は，『教育をゆがめるものはなにか』の中で，「つまずきや迷いもなしに発見や創造が成り立つことはありえない」と述べています。正にその通りです。実践を進める中で，立ち往生することも出てきました。子どもの試行錯誤につきあいながら，私たち自身も大いに迷いながら日々実践しています。だからこそ教師も子どもも考えます。きっとそこから新しい「発見」や「創造」が生まれます。今こそ，授業観や学習観，子ども観をアップデートできるチャンスです。

　「使うか使わないか」ではなくて，ICT端末を使うことはもう当たり前になります。子どもたちはICT端末をフル活用しながら，自分たちで学習を

進めていこうとします。自分に適した学び方を模索します。その中でどんどん自分の学びをアップデートさせていきます。私たちも，子どもたちと共にアップデートし続け，伴走できるようにしたいものです。

　本書は，佐渡市立真野小学校（前新潟大学附属新潟小学校）の椎井慎太郎氏と共に執筆しました。

　椎井氏との出会いは，附属新潟小のオンライン公開研究会でした。2020年５年生の森林の学習だったと記憶しています。画面越しでしたが，「豊かに話す子どもたちだなぁ」と感じていました。

　そこから１年後，その研究会の協力者としてお招きいただき，そこからご縁が続いています。本書執筆の機会をいただいた時に，真っ先に思い浮かんだのが椎井氏でした。私と共通していることはもちろんですが，逆に私にはまったくない発想や実践をもっておられるからです。実際，２人で執筆させていただくことで，より「カラフル」な提案になったと感じています。内容や考え方を一貫させるために，連絡は Slack を使いながら進めてきました。このやりとりも刺激的で，多くの学びを得ることができました。

　また，『GIGA２』執筆の際にお声がけいただいた樋口万太郎氏とのご縁が，本書につながっています。感謝しています。

　最後になりましたが，明治図書出版の及川誠様，杉浦佐和子様，ありがとうございました。いつもながらの温かい励まし，ご助言，丁寧で的確な校正には感謝しかありません。

　きっとこれから授業や学習の「考え方」や「あり方」は大きく変わってきます。GIGA が進んで改めて問われることは，「本質とは何か」ということです。社会科という教科の中で何ができるのか，また，社会科という教科の枠を超えて何ができるのか，共に模索していきましょう。

2022年９月

宗實　直樹

【著者紹介】

宗實　直樹（むねざね　なおき）
1977年兵庫県姫路市生まれ。兵庫県公立小学校教諭を経て，現在，関西学院初等部教諭。授業研究会「山の麓の会」代表。社会科教育，美術科教育，特別活動を軸に，「豊かさ」のある授業づくり，たくましくしなやかな子どもの育成を目指して，反省的実践を繰り返す。主な著書に『宗實直樹の社会科授業デザイン』（東洋館出版社）『社会科の「つまずき」指導術』『1人1台端末で変える！学級づくり365日のICT活用術』（明治図書）。他，共著，論文多数。

椎井　慎太郎（しいい　しんたろう）
1983年新潟県佐渡市生まれ。新潟県公立小学校，新潟大学附属新潟小学校を経て，2022年より佐渡市立真野小学校教諭。社会科×ICTの視点から，1人1台端末を活用した社会科実践に取り組む。『月刊社会科教育』『ICT×社会　GIGAスクールに対応した1人1台端末の授業づくり』（いずれも明治図書）などに原稿執筆多数。新潟県社会科教育学会（事務局），越佐社会科研究会（運営委員）。

GIGAスクール構想で変える！
1人1台端末時代の社会授業づくり

2022年10月初版第1刷刊　　　　　　　©著　者　　宗　實　直　樹
　　　　　　　　　　　　　　　　　　　　　　　椎　井　慎太郎
　　　　　　　　　　　　　発行者　藤　原　光　政
　　　　　　　　　　　　　発行所　明治図書出版株式会社
　　　　　　　　　　　　　　　　　http://www.meijitosho.co.jp
　　　　　　　　　　　　　　（企画）及川　誠（校正）杉浦佐和子
　　　　　　　　　　〒114-0023　　東京都北区滝野川7-46-1
　　　　　　　　　　振替00160-5-151318　　電話03(5907)6703
　　　　　　　　　　　　　　　ご注文窓口　　電話03(5907)6668
＊検印省略　　　　　　　組版所　中　央　美　版

本書の無断コピーは，著作権・出版権にふれます。ご注意ください。

Printed in Japan　　　　　　ISBN978-4-18-343733-4
もれなくクーポンがもらえる！読者アンケートはこちらから
→